EQUIDAD EN LA EDUCACIÓN SUPERIOR

DISEÑO Y RESULTADOS DE PROGRAMAS DE ACCESO EN UNIVERSIDADES SELECTIVAS

EDICIONES UNIVERSIDAD CATÓLICA DE CHILE
Vicerrectoría de Comunicaciones
Av. Libertador Bernardo O'Higgins 390, Santiago, Chile

editorialedicionesuc@uc.cl
www.ediciones.uc.cl

**Equidad en la Educación Superior
Diseño y Resultados
de Programas de
Acceso en Universidades Selectivas**

María Verónica Santelices,
Ximena Catalán,
Catherine L. Horn

Diseño: Johanna Rivas, CEPPE UC

CIP-Pontificia Universidad Católica de Chile

Equidad en la Educación Superior : Diseño y Resultados
de Programas de Acceso en Universidades Selectivas

Incluye bibliografía.

1.   Educación Superior – Chile.
2.   Acceso a las universidades– Chile.
3.   Programas en las Instituciones de Educación superior
4.   Financiamiento de los estudiantes en la Educación
      Superior.

2017   370.1170983   +   DDC23   RDA

EQUIDAD EN LA EDUCACIÓN SUPERIOR

DISEÑO Y RESULTADOS DE PROGRAMAS DE ACCESO EN UNIVERSIDADES SELECTIVAS

María Verónica Santelices, Ximena Catalán,
Catherine L. Horn

Centro UC
Estudios de Políticas y Prácticas
en Educación · CEPPE

EDICIONES UC

ÍNDICE

PROLOGO

"Garantizar una educación inclusiva y equitativa de calidad y promover oportunidades de aprendizaje a lo largo de la vida para todos" es uno de los objetivos de la Agenda 2030 para el Desarrollo Sostenible. En la formulación de este propósito, la educación de calidad se concibe como un derecho y una condición para la realización personal plena y el entendimiento mutuo. Para dar cumplimiento a este objetivo, las naciones se han comprometido a "asegurar el acceso en condiciones de igualdad para todos los hombres y las mujeres a una formación técnica, profesional y superior de calidad, incluida la enseñanza universitaria".

En Chile, a pesar del crecimiento económico de las últimas décadas, persisten las desigualdades en la distribución de las oportunidades y la segregación social respecto al ejercicio de este derecho. La responsabilidad ética demanda trabajar colectivamente en la construcción de un país justo, socialmente integrado que se identifique por una convivencia solidaria y democrática. La reforma educacional en marcha está orientada por estos principios.

Por su misión de aportar a la generación de conocimiento, así como a la formación de capacidades y de valores, las universidades están llamadas a ejercer un rol central en la tarea de contribuir al bien común. Este es el espíritu que ha guiado a las iniciativas recientes enfocadas a ampliar el acceso a la educación superior de jóvenes que provienen de sectores desfavorecidos y que han estado hasta ahora marginados de estos espacios de desarrollo del conocimiento.

El libro Equidad en la Educación Superior: Diseño y resultados de programas de acceso en universidades selectivas estudia en profundidad el caso de tres nuevos programas de acceso con equidad a través del análisis de los objetivos, la implementación y sus resultados tempranos. Como objeto de estudio se han seleccionado los programas creados y desarrollados en las tres universidades más antiguas del país. Esta mirada crítica y experta sobre un fenómeno nuevo para la educación superior chilena es fundamental para asegurar una acción responsable y efectiva. Es indudable que los programas de equidad tendrán consecuencias directas en la vida de los jóvenes que acceden por estas vías especiales, en el funcionamiento de las universidades que los implementan y en la definición de la política pública. Su comprensión profunda es esencial para resguardar que todos estos impactos sean positivos.

Es muy destacable que el libro no se limite al análisis del contexto nacional, sino que incorpore también la revisión de programas o políticas similares en Estados Unidos. Este enfoque amplía la visión a través del análisis documental y, al mismo tiempo, abre el camino al trabajo colaborativo internacional, lo que es fundamental al momento de abordar un problema altamente gravitante.

Tal como se describe en el texto, los programas analizados tienen altas expectativas respecto a su potencial transformador sobre las instituciones y se espera que las acciones pro-equidad movilicen a las universidades en las cuales se implementan, afectando diversos ámbitos de acción. Esto porque contribuyen a poner en evidencia las responsabilidades institucionales y a situar las necesidades de los estudiantes como un eje principal de la función universitaria. En efecto, como resultado de su instalación, se están observando cambios en la forma en que se trabaja en la admisión, en el apoyo que se brinda a los estudiantes para asegurar su éxito académico y en la preocupación por garantizar el mejor aprovechamiento de la experiencia universitaria para todos. Además, la profesionalización de la gestión del pregrado, el cambio en las estructuras organizacionales para articular estrechamente los ámbitos de la academia y de la calidad de vida, el acercamiento a los colegios y la preocupación por conocer mejor a los estudiantes, han llegado de la mano de las iniciativas de equidad e inclusión.

Pero estos programas también ponen en evidencia debilidades institucionales y barreras que antes pasaron desapercibidas. Entre estas, la tendencia a situar la responsabilidad del éxito académico exclusivamente en los estudiantes, bajo un enfoque neutral y supuestamente meritocrático. Así, por un lado, nos encontramos con reglamentos generados bajo otras concepciones de la educación que no consideran los múltiples factores que influyen en el éxito académico de los estudiantes de acuerdo a su contexto y, por otro, reconocemos la existencia de múltiples barreras a través del curriculum, la pedagogía y las definiciones programáticas.

El desarrollo pleno de estas iniciativas equitativas e inclusivas requiere apoyar y empoderar a los estudiantes al mismo tiempo que se desafían las estructuras institucionales, ya que no es razonable esperar que los estudiantes se adapten e integren a la universidad sin impulsar al mismo tiempo cambios en la institución. Junto a una gestión responsable, se requiere de un compromiso a nivel humano de cada miembro de la comunidad universitaria. Debemos incorporar estratégicamente la equidad en la política y la práctica de las instituciones, aprender a educar con conciencia de identidad, sin temor a poner en riesgo la neutralidad, desde el reconocimiento del potencial y de las fortalezas de cada uno.

Para avanzar hacia mayores niveles de comprensión de nuestra labor educadora es necesario enriquecer el lenguaje institucional, identificar las fuerzas y los agentes que pueden contribuir al éxito de todos los estudiantes y revisar las condiciones para que, al mismo tiempo que se promueve la constitución de un cuerpo estudiantil más diverso, se aproveche esa diversidad en beneficio de todos.

Por ello, en la actualidad, junto con la adhesión a nuestros compromisos tradicionales con la docencia, en el sentido de reconocer que un buen docente es quien domina la disciplina que enseña, así como quien practica la mejor pedagogía asociada a ella, también es necesario enfatizar otros aspectos que distinguen a un docente de excelencia, entre estos: a) la disposición y capacidad de generar mecanismos para conocer a nuestros estudiantes, en cuanto a sus aprendizajes, sus experiencias previas y sus expectativas, y la disposición a considerar esta información para tomar decisiones en el trabajo docente; b) el compromiso por generar un ambiente adecuado para favorecer los aprendizajes, mostrando confianza en los estudiantes y comunicando altas expectativas en relación a sus logros, permitiendo y alentando el libre desarrollo de sus identidades; y c) la capacidad de generar instancias de trabajo colaborativo entre los estudiantes y entre los profesores, e integrar los distintos ámbitos de la universidad a su trabajo docente.

Estos tres aspectos están vinculados a lo que deberían ser aspiraciones de nuestra formación en el futuro: la necesidad de avanzar a una educación más holística, que contemple los distintos aspectos de la persona y no se focalice solo en la cognición, ignorando otras dimensiones centrales al desarrollo integral.

Es un hecho que la sociedad global necesitará en el futuro de más conocimiento y habilidades técnicas, pero este conocimiento por sí solo no será capaz de responder a los problemas más gravitantes, como la pobreza, la violencia y la destrucción del medio ambiente. Por ello, hoy distintos educadores están llamando a una educación menos fragmentada, que conecte la mente y el espíritu, a la vez que están estudiando e identificando las prácticas que pueden apoyar este propósito.

Estos cambios solo serán posibles si se hacen con el compromiso de muchos. Asimismo, solo con la más alta auto-exigencia y rigurosidad y sometiéndonos constantemente a la revisión externa y la reflexión compartida, se podrá cumplir con las metas planteadas de servir a la construcción de un país más justo a través de la educación superior.

Rosa Devés

Vicerrectora Académica

Universidad de Chile

INTRODUCCIÓN

INTRODUCCIÓN[1]

Este libro está enmarcado en una perspectiva de evaluación de programas y tiene como objetivo **aportar a la comprensión de las iniciativas institucionales de acceso implementadas por algunas de las universidades más selectivas y complejas** del sistema de educación superior de Chile, profundizando en sus efectos esperados y efectos observados en las respectivas instituciones. En particular, se hace uso de lo que se ha denominado en la literatura "teoría de programa", en la cual se develan los objetivos esperados de los programas y los mecanismos a través de los cuales estos objetivos serían alcanzados. Así, la evaluación del programa es hecha sobre la base de los objetivos que el mismo programa propone, analizando si dichos objetivos han sido alcanzados a partir de su implementación.

Los programas analizados en este libro incluyen el **Propedéutico "Nueva esperanza, mejor futuro" de la Universidad de Santiago** (USACH), que se desarrolla desde 2007 (admisión 2008) y que se ha replicado en varias universidades del país, tanto tradicionales como privadas; el **Sistema de Ingreso Prioritario de Equidad Educativa de la Universidad de Chile** (SIPEE), que tuvo su origen en la carrera de Psicología de dicha universidad en 2010, extendiéndose desde 2011 en adelante a más de 40 programas académicos; y el programa **Talento e Inclusión (T+I) de la Universidad Católica** (UC), que comenzó en 2011 en la carrera de Ingeniería, extendiéndose a un total de 45 carreras en 2017.

Si bien hoy existen alrededor de 30 universidades tradicionales y privadas implementando programas con vías de admisión especial para alumnos académicamente talentosos de menor nivel socioeconómico,

---

[1] Agradecemos la colaboración como ayudantes de investigación de Alicia Ibáñez, Manuela Mendoza y Alejandra Venegas. Especial mención merecen los comentarios del Comité Editorial de CEPPE UC y de Magdalena Zarhi.

este libro se focaliza en la experiencia de tres instituciones selectivas y complejas de la Región Metropolitana. Es en este tipo de universidades donde los programas de acceso equitativo representan mayores cambios a las decisiones de admisión tradicionales y a la vez enfrentan mayores resistencias. Asimismo, la literatura ha mostrado la importancia de estudiar la experiencia universitaria en las **instituciones selectivas y prestigiosas por ser el lugar en que se forman los futuros líderes sociales** (e.g., Alon & Tienda, 2005; Bowen & Bok, 1998). Los tres programas seleccionados ofrecen además la oportunidad de estudiar iniciativas con cierta variabilidad en su diseño, grado de desarrollo y forma de implementación. En particular, la experiencia de la Universidad de Santiago y la implementación del Propedéutico que ha venido realizando desde 2007, son los antecedentes directos de otros programas y políticas de admisión implementadas en Chile en el último tiempo, como los Propedéuticos desarrollados en diversas universidades y el **Programa de Acompañamiento y Acceso Efectivo a la Educación Superior (PACE)** implementado a nivel nacional a partir de 2015.

La diversidad y el encuentro entre estudiantes provenientes de distintas realidades -sea por su raza, nivel socioeconómico o zona geográfica de origen- dentro de las universidades son piezas importantes de la experiencia educacional. La literatura empírica, con un foco en la diversidad racial, ha identificado cuatro áreas críticas en las que se observarían efectos positivos provenientes de un alumnado más diverso e inclusivo: la mayor comprensión inter-racial y menor prejuicio entre grupos, un mejor ambiente en la sala de clases, la promoción del desarrollo estudiantil en áreas tales como habilidades cognitivas, pensamiento crítico, la autoconfianza y la participación cívica y, por último, las habilidades necesarias para el desarrollo profesional y liderazgo.

La constatación de los beneficios de la diversidad en el cuerpo estudiantil sumados a las importantes brechas observadas en el desempeño en pruebas estandarizas de admisión a la universidad, han movilizado en diversas instituciones el interés por usar criterios de admisión que, sin sacrificar calidad académica, ostenten una mayor diversidad y menor brecha socioeconómica. Este interés ha surgido en diversos países incluido Chile. Es así como en nuestro país, en los últimos diez años, se han implementado programas de admisión especial a nivel institucional, como los revisados en este libro, cuyo objetivo común es aumentar la matrícula de estudiantes con un buen desempeño académico y de bajo nivel socioeconómico en las universidades.

El interés institucional por aumentar la diversidad del cuerpo estudiantil coincide con los desafíos en el nivel nacional y del sistema de educación superior en materia de acceso y permanencia de los estudiantes durante los últimos cuarenta años. Estudios nacionales e internacionales muestran el **importante retorno económico de un año adicional de educación post secundaria** en nuestro país, especialmente en el caso de continuar y completar la educación universitaria. Incrementar el acceso a la educación superior, y con ello contribuir a una mejora en la calidad de vida de los jóvenes de menor nivel socioeconómico, ha sido uno de los factores detrás de la decisión de permitir la provisión de educación superior por parte del sector privado después de 1980 y, asimismo, ha sido una de la razones de la fuerte expansión del financiamiento estudiantil por medio de becas y créditos observada a partir de 2004.

Se espera que el análisis de los programas institucionales implementados por la Universidad de Santiago, la Universidad de Chile y la Universidad Católica **entregue herramientas importantes a miembros de otras instituciones de educación superior que estén abordando problemáticas similares y quieran embarcarse en este tipo de iniciativas.** En este libro se presentan aspectos relacionados con el nacimiento de estas medidas dentro de las universidades y su evolución, detalles sobre la implementación de los programas, incluyendo su recepción por parte de la comunidad universitaria, los objetivos detrás de su implementación y su grado de cumplimiento. De esta forma, profesionales de otras instituciones podrán conocer con mayor profundidad sus beneficios y dificultades, lo que les permitirá dialogar con sus propias expectativas y metas institucionales.

El libro se organiza en tres partes. En la **primera,** que incluye los capítulos 1, 2 y 3, busca entregar elementos de contexto para la mejor comprensión de los programas isntitucionales que serán descritos con posterioridad en el libro. Esta sección incluye elementos tales como literatura internacional sobre el acceso a la educación superior y una descripción del sistema de educación superior chileno. Por último, se hace una presentación de programas similares implementados en Estados Unidos.

El **capítulo 1**, en particular, intenta dar cuenta de la diversidad de variables que inciden en el acceso y éxito de los estudiantes en la educación superior. Aunque las instituciones de educación superior juegan un rol fundamental en la postulación y desempeño académico de los alumnos durante esta etapa, existen otros factores relevantes que impactan en esta trayectoria, incluyendo características propias del alumno, de su entorno familiar y escolar, factores relacionados con las propias instituciones, las estructuras y políticas educacionales y sociales, siendo todos estos aspectos relevantes en las oportunidades de los estudiantes.

En el **capítulo 2** se presenta la evolución de la matrícula y la composición del alumnado que se ha matriculado en la educación superior de Chile durante los últimos diez años, de modo de entregar contexto a los programas que se analizarán en profundidad en los capítulos 5, 6 y 7. En este capítulo se presentan estadísticas sobre la matrícula de estudiantes en el sistema de educación superior chileno, se describe brevemente el sistema de admisión universitario del país y se introduce el sistema de financiamiento estudiantil. En la última sección del capítulo se analizan las principales tendencias en la postulación y admisión de alumnos de menores ingresos al sistema universitario, comparándolas con las tendencias observadas en la Universidad de Santiago, la Universidad de Chile y la Pontificia Universidad Católica de Chile, las tres instituciones en las que se insertan los programas que son el foco del libro. En este capítulo se evidencian los desafíos de equidad comunes y singulares que enmarcan el desarrollo de estas iniciativas en cada una de las tres instituciones.

El **capítulo 3** está enfocado en situar las iniciativas institucionales que se analizan en los capítulos 5, 6 y 7 en un contexto internacional. En particular se revisa la situación de iniciativas similares que han sido implementadas en Estados Unidos, con el fin de extraer algunos puntos de comparación con las iniciativas nacionales, tanto en relación con sus objetivos como con los procedimientos mediante los cuales dichos objetivos esperan ser logrados. La experiencia de Estados Unidos ofrece una perspectiva especialmente relevante, ya que la historia contemporánea ha llevado a ese país a considerar el acceso a la educación superior como una de sus principales prioridades desde hace muchos años. Además, varios de los esfuerzos específicos implementados en Chile se han diseñado considerando la experiencia e investigación de ese país sobre los efectos de la diversidad en el clima de la institución y en el desarrollo de habilidades en los estudiantes. Aunque el concepto de "diversidad" en el país del norte se ha asociado históricamente a la integración racial, y no a la diversidad socioeconómica como en el caso de Chile, los estudios de caso de universidades norteamericanas permiten poner en perspectiva las posibilidades y límites de los esfuerzos institucionales que buscan contribuir a la equidad en la educación superior.

La **segunda parte del libro** se centra en el análisis de los programas de admisión institucional implementados en las 3 casas de estudios antes mencionadas. Para ello se inicia la sección entregando algunos antecedentes históricos previos a los programas y estudios de los cuales han sido objeto. También se entregan algunos detalles de la estrategia de análisis utilizada para cada una de las iniciativas institucionales. Los capítulos centrales de este libro son los capítulos 5, 6 y 7, en los cuales se describe y analiza cada uno de los programas combinando en cada capítulo la descripción de la teoría de programa de cada iniciativa, su implementación y los resultados observados, particularmente sus efectos en el acceso a las instituciones de grupos de entornos vulnerables y su desempeño académico una vez enrolados en la universidad.

En el **capítulo 4** se introducen los tres programas que constituyen el foco de interés de este libro, incluyendo algunas iniciativas que sentaron precedentes para su creación y una revisión de la investigación nacional sobre dichos programas. Antecedentes importantes fueron la bonificación de puntajes que realizó la

Universidad de Santiago a alumnos de buen rendimiento escolar entre 1992 y 2004, así como los cupos supernumerarios y la Beca de Excelencia Académica implementados en 2006 para la admisión de las universidades del CRUCH, que fueron asignados a alumnos en el 7% superior de rendimiento de su generación que cumplieran con los requisitos sociodemográficos.

En este capítulo se presentan también los objetivos del diagnóstico y evaluación que se realizará de cada programa en los siguientes capítulos, y la estrategia de análisis utilizadas por las autoras para estudiar el calce entre el diseño original del programa, su implementación y sus resultados observados. Este diagnóstico, cuyos resultados se presentan en los capítulos 5, 6 y 7, es relevante para evaluar y planificar el futuro de estas iniciativas, así como también para explorar en otros formatos que puedan contribuir al logro de una mayor inclusión y equidad en la educación universitaria chilena.

En el **capítulo 5** se discute la experiencia del Programa Propedéutico de la Universidad de Santiago, en el **capítulo 6** se describe el Sistema de Ingreso Prioritario de Equidad de la Universidad de Chile, y en el **capítulo 7** se profundiza en el programa Talento e Inclusión de la Pontificia Universidad Católica de Chile. En el **capítulo 8** se analizan los tres programas usando una perspectiva comparativa. La información presentada sobre cada iniciativa en los capítulos 5, 6 y 7, y de manera conjunta en el capítulo 8, deja en evidencia la forma en que cada una de las instituciones se apropia de la tarea de contribuir a aumentar la equidad en la educación superior, compartiendo objetivos comunes en el nivel social e institucional, pero con particularidades propias de cada institución. Esta apropiación que realizan las instituciones, que emerge de sus misiones, identidades y culturas institucionales específicas, influye directamente en cómo las iniciativas son diseñadas e implementadas en la práctica. Al mismo tiempo, los efectos observados en términos de admisión y éxito académico en cada una de las instituciones estudiadas, aunque presentan tendencias comunes, están también asociados a las características del diseño e implementación de las respectivas iniciativas.

En la **tercera parte del libro,** que corresponde al **capítulo 9,** se presenta lo aprendido sobre estos tres programas a la luz de la literatura nacional e internacional, estableciendo así un puente entre las dos primeras partes del libro, es decir, se vinculan las principales conclusiones del análisis de los tres programas institucionales con los antecedentes de contexto discutidos en los primeros cuatro capítulos del libro. Los resultados indican que tomará tiempo antes de que estos programas puedan tener un impacto significativo en la composición del cuerpo estudiantil, por lo que las instituciones deberían considerar mecanismos alternativos de admisión que idealmente fuesen implementados de manera común a través del sistema de admisión centralizado compartido por todas las instituciones del Sistema Unificado de Admisión en Chile. Además, se observa que los alumnos admitidos por medio de estos tres programas presentan un desempeño académico que es, en su mayoría, similar al del grupo de comparación. Existen algunas excepciones en que el desempeño es menor al de sus compañeros admitidos por vía regular, por lo que apoyar la experiencia académica de este grupo de alumnos previo a la admisión y matrícula y durante la educación superior se constituye como un claro desafío. Los resultados también indican que el compromiso con la promoción de interacción entre grupos sociodemográficos una vez que los alumnos se matriculan en las universidades no se observa de manera sistemática entre los programas analizados, tampoco el uso generalizado de prácticas pedagógicas que se hagan cargo de ese alumnado más diverso, por lo que es necesario promover prácticas institucionales y pedagógicas que aborden estos desafíos de manera más deliberada y decidida. En la última sección del capítulo 9 se presentan de manera sintetizada los aprendizajes que podrían ser más relevantes para miembros de instituciones de educación superior interesados en implementar programas similares a los presentados en este libro. Estos aprendizajes refieren al diseño e implementación de los programas, a su evaluación y a la efectiva promoción de la interacción entre los alumnos en contextos de diversidad.

El levantamiento de información y los análisis originales que componen esta obra fueron realizados gracias al financiamiento del Ministerio de Educación de Chile a través del proyecto FONIDE

811340: *Consideraciones de Equidad en la Admisión Universitaria a través del ranking de educación media: Teorías de Acción, Implementación y Resultados,* a cargo de María Verónica Santelices[2]. Agradecemos a dicha institución tanto por su apoyo a nuestra investigación como por su disposición a que los resultados obtenidos por el estudio fuesen comunicados a un público más amplio y diverso a través de la publicación de este libro. En la misma línea, agradecemos también al proyecto Fondecyt 1160871 por contribuir a la materialización de este volumen.

---

2   Algunos de los resultados que se presentan en este libro fueron reportados también en el informe final de dicho proyecto y pueden ser consultados mediante la siguiente referencia: Santelices, M. V., Catalán, X., & Horn, C. (2015). Consideraciones de Equidad en la Admisión Universitaria a través del ranking de educación media: Teorías de Acción, Implementación y Resultados. Proyecto FONIDE N° 811340. Santiago, Chile: MINEDUC.

PARTE I

CONTEXTO PARA EL ANÁLISIS DE LAS INICIATIVAS INSTITUCIONALES ANALIZADAS EN EL LIBRO

Esta sección entrega una contextualización a los programas institucionales analizados en la segunda parte del libro, a través de una revisión de la literatura internacional y nacional sobre determinantes del acceso y la permanencia en la educación superior (capítulo 1), antecedentes del sistema de educación superior chileno (capítulo 2) y una revisión de la experiencia estadounidense sobre iniciativas de acceso equitativo.

CAPÍTULO I

ACCESO Y PERMANENCIA EN LA EDUCACIÓN SUPERIOR: ¿QUÉ DICE LA LITERATURA SOBRE LAS VARIABLES QUE INCIDEN EN EL ACCESO Y ÉXITO ACADÉMICO?

A continuación se presentan los antecedentes de la literatura referidos al proceso de toma de decisiones de los alumnos secundarios respecto a la transición a la educación superior y el éxito académico. Mientras la primera sección del capítulo se centra en investigaciones realizadas principalmente en Estados Unidos y Europa, la segunda parte se focaliza en estudios nacionales. La revisión que se presenta intenta entregar una panorámica general que incluya todas las posibles variables que afectan el proceso de acceso y permanencia de los estudiantes en la educación superior, sin ser necesariamente exhaustiva en el total de investigaciones y autores citados.

1. TRANSICIÓN Y PERMANENCIA EN LA EDUCACIÓN SUPERIOR: ANTECEDENTES INTERNACIONALES

El marco conceptual del proceso de elección de una institución de educación superior se ha ido formando principalmente al alero del trabajo de economistas interesados en estudiar los resultados económicos y sociales de mayores niveles de educación en la población. A partir de ese trabajo, se ha establecido la importancia de las características de las familias, de la riqueza familiar (y no sólo del ingreso familiar), del desempeño académico previo y del financiamiento estudiantil en esta elección (e.g., Ellwood & Kane, 2000; Heller, 1997; McPherson & Schapiro, 1991). Más recientemente ha adquirido mayor importancia en la investigación el acceso de los estudiantes a redes de información, su rol en las decisiones de postulación y en los efectos de las políticas educacionales (e.g., Avery & Kane, 2004; Dynarski, 2004; Long & Tienda, 2008).

En el proceso de toma de decisiones asociado a continuar estudios en la educación superior Hossler y Gallagher (1987) distinguen tres etapas: 1) *predisposición,* en la cual los estudiantes desarrollan aspiraciones educacionales; 2) *búsqueda,* período en que los estudiantes intencionan la búsqueda de información sobre los pasos a seguir para llegar a la universidad; y 3) *elección,* fase en la cual los estudiantes deciden si ir o no a la universidad, y, de hacerlo, a qué institución y carrera. Estas etapas se configuran de manera distinta para estudiantes con distintos antecedentes socioeconómicos. Esas diferencias se refieren al momento en que se dan y a los recursos con los que cuentan en cada etapa (Cabrera & La Nasa, 2000; McDonough, 1997). Antonio, Venezia y Kirst (2004) han subrayado la importancia de la intervención temprana y el desarrollo precoz y sostenido del "conocimiento sobre el sistema de educación superior" al definirlo como uno de los "cimientos" del acceso. Parte del efecto de este **mayor conocimiento** sobre alternativas de educación superior entre alumnos de enseñanza secundaria es el permitir el desarrollo temprano de lo que se ha denominado en la literatura la "identificación del dominio", es decir, la identificación "con el rendimiento escolar en el sentido de que este sea parte de la autodefinición de uno mismo, una identidad personal con respecto a la cual cada uno tiene responsabilidades de autoevaluación" (Masse, Pérez, & Posselt, 2010). Esta "auto" rendición de cuentas y que la identidad respecto de uno mismo dependa en alguna medida del logro académico, se traduciría en una motivación sostenida para el aprendizaje y el logro (Masse et al., 2010).

Wilkins, Shams y Huisman (2015) diferencian entre el complejo proceso de toma de decisiones por el cual los estudiantes eligen si desean o no continuar la educación superior de aquellos factores principales que influyen en la elección de la institución por los estudiantes, independientemente de la secuencia de su efecto. Estos factores han sido estudiados en diferentes partes del mundo, incluyendo Australia, Portugal, Inglaterra y Alemania. En estos estudios, en ocasiones inspirados por el interés de comprender mejor la efectividad de los esfuerzos de marketing institucional, los autores identifican los siguientes factores claves (Dunnet, Moorhouse, Walsh y Barry, 2012; Wilkins et al., 2015): calidad de los docentes e investigación, oferta de cursos, imagen, ubicación y reputación de la institución, imagen del país, costo de los estudios, proximidad geográfica, amigos y efectos familiares, y perspectivas laborales.

Más recientemente, el proceso de elección de una institución de educación superior ha sido descrito en enfoques más integrales como un fenómeno en el cual se superponen múltiples capas de influencia: los *alumnos* y la *familia*, las escuelas, las *instituciones* de educación superior, y el *contexto social, económico y de política educacional más general* (Perna, Rowan-Kenyon, Bell, Thomas, & Li, 2008). Es apropiado ampliar la perspectiva de "elección de instituciones de educación superior" para incluir también el desempeño académico una vez que los alumnos se han matriculado. Es así como hoy se utiliza para la aproximación a la postulación y matrícula, pero también para el estudio del desempeño académico, incluyendo persistencia, en educación superior. El modelo de Perna et al. (2006a, 2008), desarrollado sobre la base de St. John (2003), hace hincapié en que la calidad y cantidad de los recursos disponibles y la información en relación con esos recursos influyen en cómo cada capa en este modelo media o modera el proceso de toma de decisiones de los estudiantes (ver Figura 1). En el modelo, los _predictores individuales_ más importantes son: (1) la preparación y desempeño académico, (2) los recursos financieros, (3) el conocimiento y la información sobre la educación superior y (4) el apoyo de la familia (Bell, Rowan-Keyton & Perna, 2008). Este modelo de Perna (2006a) es pertinente tanto para el análisis de la decisión de estudio (si estudiar o no, junto con el qué estudiar y dónde estudiar) como para el estudio del éxito académico incluyendo persistencia, graduación, titulación e inserción laboral. A continuación se describen algunos hallazgos de la literatura en relación a cada uno de los niveles antes mencionados, con especial atención a las variables de las instituciones de educación superior, debido al foco de este libro.

1.1 Factores individuales que influyen en la transición y permanencia en la educación superior

A <u>nivel individual,</u> el modelo de Perna et al. (2006a) debe completarse con el rol que los atributos psicológicos personales juegan en el proceso de toma de decisiones de los alumnos. Nora (2004) encuentra que las siguientes dimensiones psicológicas son relevantes:

- la aceptación personal, es decir, el deseo de un estudiante de sentirse bienvenido en una institución particular;

- la autoestima o confianza académica;

- la adaptación personal y social, es decir, la auto-conciencia con respecto a la capacidad de presentar su identidad personal y social en una institución de educación superior;

- la aprobación de los demás, es decir, lo apoyado que se sienta el estudiante en sus decisiones;

- su lazo motivador - influencia de los amigos y familiares que ya han asistido a la educación superior;

- sus objetivos futuros - el deseo de un estudiante de ganar un buen sueldo.

Al mismo tiempo, la satisfacción del alumno con su ambiente académico podría influir en la integración y el compromiso con la institución de educación superior, lo que a su vez también podría contribuir a mejorar los niveles de permanencia en la universidad, según ha destacado la literatura sobre persistencia (Tinto, 2012).

Un pequeño cuerpo de la literatura más reciente ha tratado de entender más específicamente cómo la perseverancia o "grit" influye en el proceso de decisiones relativas a proseguir estudios terciarios y en los resultados académicos. Por ejemplo, el trabajo de Duckworth, Peterson, Matthews y Kelly (2007) encontró que la perseverancia agregó validez predictiva respecto al rendimiento académico de pregrado, más allá de las medidas tradicionales de inteligencia y conciencia, lo que sugiere que la capacidad de aplicar el talento de una manera enfocada en el tiempo es potencialmente un elemento que contribuye al éxito académico.

Siempre a nivel individual, Allen y Robbins (2008) realizaron un estudio focalizado en la relación entre permanencia en la educación superior y aspectos vocacionales y motivacionales, usando una muestra de 25 universidades. Los autores operacionalizaron la relación entre los perfiles de los estudiantes y el programa que estaban cursando en lo que ellos denominaron el constructo "interés-programa", encontrando que este ayudaba a predecir la persistencia en tercer año dentro de un programa de la misma área de estudios. A partir de sus hallazgos, los autores sostienen la importancia que tiene para la persistencia en la universidad la existencia de un calce entre los programas elegidos por los estudiantes y sus intereses vocacionales[3] .

Attewell et al. (2011) además documentan la relativa mayor importancia de la integración social como predictor de la persistencia entre alumnos no tradicionales, es decir, de menor nivel socioeconómico, que entre alumnos tradicionales.

1.2 Importancia de la familia en la transición y permanencia en la educación superior

Numerosos estudios han documentado la influencia de las <u>familias</u> en el proceso de toma de decisiones relativo a la educación superior, especialmente durante el proceso de definir expectativas educacionales (e.g., Conklin & Dailey, 1981; Freeman, 2005; Hossler & Stage, 1992). Otras investigaciones han mostrado que esa influencia puede ser moderada por la experiencia educacional y financiera de los padres y hermanos (e.g., Ceja, 2006; Freeman, 2005; Perna & Titus, 2005; Stage & Hossler, 1989).

1.3 Factores asociados a la escuela y su importancia en la trasición y permanencia en la educación superior

La investigación norteamericana que se ha enfocado en entender la contribución relativa de las <u>escuelas</u> al proceso de toma de decisiones de los alumnos y de su éxito académico ha concluido sobre

---

[3]   Para el caso chileno, ver Canales y De los Ríos (2007); Centro de Microdatos (2008); González, Uribe y González (2005).

la importancia del rigor académico del currículum (e.g., Adelman, 2006; McDonough, 1997; Perna & Titus, 2005) y de los recursos disponibles, especialmente aquellos relacionados con la orientación vocacional (e.g., Perna, 2006b; McDonough, 1997).

Las diferencias en el nivel de información respecto de las alternativas para continuar estudios de educación superior observadas entre familias de distinto nivel socioeconómico y la importancia de dicha información en las decisiones de postulación y admisión a la educación superior interactúan con el tipo de escuelas a la que asisten los estudiantes. Es así como Immerwahr (2003) describe, "la cantidad de conocimiento que tienen los estudiante [sobre la educación superior] tiende a variar según la raza/origen étnico y el ingreso familiar [...] en consecuencia, los estudiantes con menores recursos socioeconómicos dependen más de la escuela para proporcionar información acerca de la educación superior [...]" (pp. 664-665).

1.4 El rol de las Instituciones de Educación Superior en la transición y permanencia en la educación postsecundaria

Las <u>instituciones de educación</u> superior también juegan un rol en el acceso y continuación efectiva de estudios de los alumnos. En la literatura norteamericana, de hecho, el rol de la familia y de la escuela se entiende más directamente relacionado con la decisión de postulación y matrícula, mientras que las instituciones de educación superior jugarían un rol más directo en el éxito académico de los alumnos, incluyendo egreso, graduación y titulación; esto último sin desconocer el rol que las instituciones de educación superior puedan tener también sobre la decisión de postulación y matrícula de los alumnos desde temprano en su educación secundaria, y el que las familias puedan tener en relación al éxito académico posterior al acceso a la educación superior de los estudiantes.

Además, Perna, Lundy-Wagner, Yee, Brill y Tedal (2010) exploran la forma en que las instituciones comunican sus políticas de financiamiento a potenciales alumnos de menores ingresos. A través de esta comunicación, dicen los autores, las instituciones pueden afectar el subconjunto de instituciones que este grupo de estudiantes considera al momento de postular, reduciendo el costo percibido de matricularse a esa institución y aumentando así la probabilidad de que alumnos de menores ingresos efectivamente asistan a esa institución; esto podría incidir favorablemente en aquellos alumnos que tienen mayor aversión a endeudarse.

Las características institucionales más importantes a la luz de la investigación empírica son el tamaño de la institución, su nivel de selectividad y su carácter público o privado (Burrus et al., 2013). El tamaño de la institución estaría relacionado débil e indirectamente con persistencia y graduación a través de la percepción que los alumnos tienen de los profesores y del ambiente institucional (Kuh, Kinzie, Bridges & Hayek, 2006). El grado de selectividad se relaciona con persistencia y graduación de manera positiva, aunque no es claro si la relación se debe a diferencias en la experiencia educacional entre instituciones o a diferencias en las características iniciales de los estudiantes. Lo mismo ocurre con la mayor probabilidad de persistencia y graduación observada entre alumnos que asisten a instituciones privadas versus aquellos que asisten a instituciones públicas. La relación empírica se observa tanto en la comparación de instituciones más y menos prestigiosas como en la comparación entre instituciones de 4 años versus aquellas que ofrecen programas de 2 años.

Después de treinta años de investigación, Tinto (2012) concluyó que la persistencia de los estudiantes en la educación superior es más alta en instituciones que tienen expectativas claras y altas, que cuenten con apoyo académico y social, con evaluaciones frecuentes y retroalimentación acerca del desempeño del estudiante. El autor enfatiza el rol de las instituciones en el éxito de los estudiantes:

> *"(…) el marco teórico propuesto pone a la sala de clases en el centro de la vida educacional de los alumnos y, por lo tanto, al centro del ámbito en que la institución debe tratar de influir para lograr el éxito de sus estudiantes. En la mayor parte de las instituciones, especialmente aquellas que son*

no residenciales, la sala de clases es el único lugar donde los alumnos se encuentran e interactúan con sus profesores a través de actividades formales de aprendizaje. Para la mayor parte de los alumnos, el éxito universitario está directamente definido por las experiencias vividas en la sala de clases (…)" (Tinto, 2012, p. 114).

De esta forma, es posible evaluar el trabajo que realizan las instituciones de educación superior analizando los resultados tanto académicos como no académicos de sus estudiantes. Sin embargo, como sostiene el autor, es necesario contar con expectativas apropiadas y tener en cuenta que cualquier mejora es un proceso lento y que consume muchos recursos institucionales. Chingos (2012), por su parte, es más cauteloso en relación al rol que pueden tener las instituciones de educación superior y propone que hay poca investigación de alta calidad con conclusiones contundentes acerca del rol de estas en la persistencia y la graduación, aparte de remediales académicos, apoyo estudiantil y ayuda financiera.

1.5 El papel de la Política Educacional en la transición y permanencia en la educación superior

A nivel de las <u>políticas educacionales </u>el modelo de Bell et al. (2009) indica que "las políticas estatales y federales pueden afectar directamente el acceso a la información a través de programas dirigidos a reducir las barreras de información relacionadas con la decisión de proseguir estudios" (Bell et al., 2009, p. 668).

Políticas e iniciativas implementadas en Estados Unidos con el fin último de aumentar la representación de minorías étnicas en la educación superior, tales como algunos programas federales de acceso de estudiantes históricamente subrepresentados (Perna et al., 2008) y los procesos de admisión basados en ranking de educación media en algunos estados como Texas, California y Florida, han mostrado resultados mixtos respecto de sus efectos sobre la postulación, la admisión y persistencia (Atkinson & Pelfrey, 2004; Horn, 2012; Horn & Flores, 2003; Long, 2003; Long & Tienda, 2008; Harris & Tienda, 2012; Kain, O'Brien, & Jargowsky, 2005; Long, Sáenz, & Tienda, 2010; Montejano, 2004; Niu & Tienda,2010; University of California, 2002). Sin embargo, se ha logrado identificar consistentemente un efecto de estos programas como "señales" a partir de las cuales se elevan las aspiraciones educacionales de los estudiantes académicamente calificados de todo tipo de escuelas del estado o país y no solo de los estudiantes directamente beneficiados por los programas. Por ejemplo, Domina (2007) encontró que el Plan de Porcentaje implementado en Texas (junto a becas del mismo programa) incentivó la redistribución de esfuerzos relacionados con la postulación a la educación superior al interior de los establecimientos secundarios y generó un aumento de la motivación académica de los estudiantes. Del mismo modo, Lloyd, Leicht y Sullivan (2008) determinaron que el solo conocimiento del Plan de Porcentaje de Texas ha jugado un papel en el aumento de las expectativas educacionales de los estudiantes, que de otra manera no habrían considerado continuar estudiando.

La investigación también ha explorado las posibles consecuencias del aumento en el precio de la universidad sobre el número de alumnos matriculados en las instituciones de educación superior (Hubner, 2011; Bruckmeier & Wigger, 2013; Hemelt & Marcotte, 2008) y su persistencia (Bruckmeier, Fischer & Wigger, 2015), especialmente en Europa. Aunque el costo financiero no es necesariamente uno de los factores más importantes en el proceso de toma de decisiones de los estudiantes, los estudios muestran una asociación sistemática entre aumentos en los precios y reducciones en el numero de alumnos matriculados en instituciones de educación superior (Hemelt & Marcotte, 2008, Hubner, 2011).

En cuanto al rol de la ayuda financiera sobre el acceso y persistencia universitaria, Dynarski y Scott-Clayton (2013) resumen los hallazgos diciendo que la disponibilidad total de ayudas, y en particular de becas, influye positivamente tanto en el acceso como en la graduación universitaria (Dynarski & Scott-Clayton, 2013). Del mismo modo, estudios recientes que utilizan metodología experimental y cuasi experimental encuentran un vínculo positivo entre la matrícula universitaria y las becas focalizadas en alumnos de menores ingresos, con impactos potencialmente positivos también sobre la persistencia y la graduación (Bettinger, 2012). En segundo lugar, la complejidad de los programas de ayudas estudiantiles (información compartimentalizada, procesos de postulación fragmentados y múltiples y diversos requisitos para adjudicación y para renovación de beneficios) reducen su eficacia (Dynarski & Scott-Clayton, 2013). En tercer lugar, la evidencia sugiere que la efectividad de la ayuda financiera mejora cuando se une a incentivos académicos (Richburg-Hayes, Brock, LeBlanc, Paxson, Rouse & Barrow, 2009). La literatura empírica sobre la eficacia de los préstamos ha sido más heterogénea (Chen & DesJardins, 2008; Paulsen & St. John, 2002; St. John & Starkey, 1995). Estos estudios también han identificado importantes moderadores del efecto del financiamiento estudiantil, tanto a nivel de alumnos (Chen & DesJardins, 2008, 2010; Dynarski, 2005; Heller, 1997; Kim, 2012; Kim, DesJardins, & McCall, 2009; Paulsen & St. John, 2002; St. John & Starkey, 1995) como a nivel de instituciones (Gladieux, 2004).

FIGURA 1:

MÚLTIPLES CAPAS DE INFLUENCIA SOBRE LA DECISIÓN DE ACCESO Y EL ÉXITO ACADÉMICO DE LOS ESTUDIANTES. ADAPTADO DE PERNA (2006A, 2003).

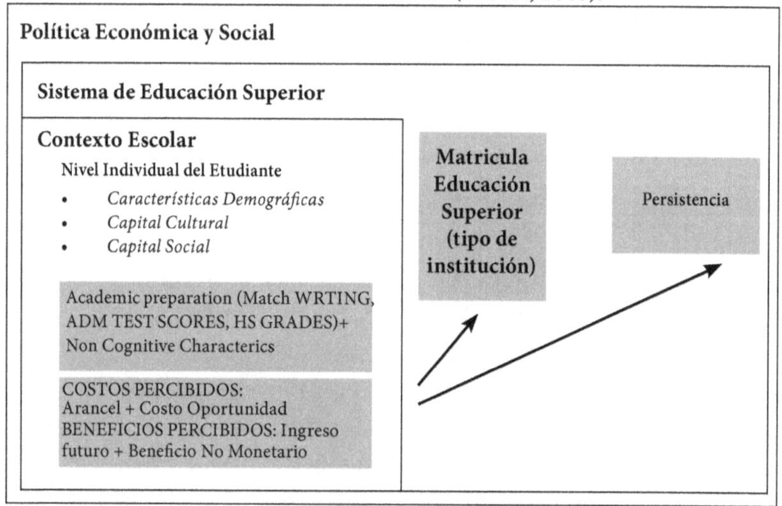

2. MATRÍCULA Y PERSISTENCIA EN LA EDUCACIÓN SUPERIOR: ANTECEDENTES NACIONALES

En el caso chileno, si bien existen esfuerzos por estudiar algunas de las variables identificadas en el modelo de Perna (2006a), la literatura se ha centrado principalmente en el área de política educacional, específicamente en el estudio de la relación entre el financiamiento estudiantil e indicadores de éxito académico de los alumnos, tales como la matrícula y la persistencia en educación superior.

En esta sección se describirán en primer lugar los hallazgos de la literatura que ha explorado la relación entre características de los alumnos (variables individuales) y su matrícula o persistencia en la educación superior. Luego se presentarán los resultados de aquellos estudios que han analizado la relación entre características de las instituciones y el éxito académico de los alumnos, y, por último, se describirán los resultados de la investigación centrada en la relación existente entre esfuerzos de política educacional, tal como la ayuda financiera estudiantil, e indicadores de éxito académico, tales como matrícula y persistencia. Si bien los estudios nacionales han seguido otros marcos teóricos, en esta sección se hace un esfuerzo por sistematizarlos utilizando el marco teórico de Perna (2006a) con el fin de que el análisis se estructure de manera similar al presentado en la sección anterior.

2.1 Factores Individuales que influyen en la matrícula y en la persistencia en la educación superior

El estudio de Rolando, Salamanca y Lara (2012) sobre persistencia hasta primer año para las cohortes de estudiantes que ingresaron a la educación superior en el período 2007-2010 explora la relación entre la tasa de persistencia institucional y variables socio demográficas, institucionales y de ayuda financiera[4]. Dicho estudio establece mayores

---

[4] La tasa de persistencia de primer año se define como el cociente entre el número de estudiantes que ingresan como alumnos de primer año a una carrera o programa en un año determinado, y el número de esos mismos estudiantes que se mantienen como estudiantes antiguos en la misma institución al año siguiente. La tasa de deserción de 1er año es el inverso de la tasa de retención (1-tasa de retención) (Rolando et al., 2012, p. 5).

niveles de persistencia en mujeres, jóvenes, alumnos egresados de colegios particulares pagados y entre quienes tienen mejores puntajes PSU y NEM.

En la misma línea, el análisis de la persistencia continua a nivel de sistema de educación superior, realizado por Santelices, Catalán, Kruger y Horn (2013) usando regresiones logísticas para el análisis del cohorte de alumnos que egresa de la educación media en 2007, revela que las mujeres tienen mayor persistencia en el sistema de educación superior, tanto en el corto como en el largo plazo. También se observa que alumnos con mayor ingreso familiar, y con padres y madres que tienen niveles de educación más altos, tienen mayor probabilidad de persistir en el sistema de educación superior. El nivel educacional es estadísticamente significativo en los casos en que el padre o la madre han completado educación media y continuado sus estudios en la educación técnica o universitaria. En el caso de la madre, completar la educación universitaria es estadísticamente significativo y de importancia en la persistencia de corto plazo del alumno, pero aún más relevante en la persistencia de largo plazo. Que el padre haya completado la educación universitaria no resulta significativo para la persistencia del alumno.

En cuanto a las habilidades académicas de los alumnos, el estudio antes mencionado encontró que aquellos que tienen mayores puntajes PSU – tanto en Matemáticas como en Lenguaje y Comunicación – tienen mayor probabilidad de permanecer en el sistema de educación superior. Estos resultados son altamente significativos y mantienen su magnitud y significancia estadística tanto en las medidas de persistencia de corto plazo como de largo plazo. Además, se observó que los alumnos que asistieron a colegios particulares pagados y particulares subvencionados muestran una probabilidad de persistir al segundo año que es entre 0,162 y 0,216, dependiendo de la especificación del beneficio económico, superior a la probabilidad de persistencia de los alumnos de establecimientos municipales. Esto equivale a un cambio porcentual de aproximadamente 18%.

Variables individuales tales como la motivación y la integración social han sido identificadas también en Chile como factores importantes en la retención en educación terciaria. Los estudios del Centro de Microdatos (2008) y de Canales y de los Ríos (2007) analizaron estas variables y definieron su mayor importancia relativa en la deserción temporal que en la decisión permanente.

2.2 El papel de las instituciones de educación superior en la matrícula y la persistencia de los estudiantes

Al menos dos estudios cuantitativos han explorado la relación entre la ayuda financiera entregada por instituciones de educación superior y el desempeño académico medido por medio de la persistencia, especialmente de los alumnos de menores ingresos. Los resultados del estudio sobre la Pontificia Universidad Católica de Chile (Horn, Santelices & Catalán, 2014) indican que la disponibilidad agregada de becas y préstamos a nivel institucional tiene una relación positiva neta con la persistencia más allá de las contribuciones de las becas y préstamos a nivel nacional. Los análisis desagregados indican, sin embargo, que solo la ayuda ministerial (en forma de becas y préstamos focalizados en estudiantes de menores ingresos) disminuye la probabilidad de abandono. Estos hallazgos sugieren que las universidades podrían considerar cuidadosamente el diseño de los paquetes de ayudas estudiantiles como parte de un plan comprensivo, que complemente los recursos entregados por el Estado, en pos de mejorar las tasas de persistencia.

Un estudio de caso de la Universidad de Chile (Alarcón, 2015) exploró la relación entre los diferentes tipos de ayuda financiera y la probabilidad de persistencia de los estudiantes. Los resultados muestran que la combinación de becas y préstamos gubernamentales con préstamos institucionales y/o externos aumentan la probabilidad de persistencia de los estudiantes. En particular, el estudio de caso muestra que la ayuda proporcionada para cubrir los gastos de los estudiantes tiene el mayor efecto sobre la persistencia, seguida por los préstamos y las becas. El tipo de ayuda más influyente en este análisis es el proporcionado por organizaciones externas sin fines de lucro (fundaciones o municipalidades), generalmente otorgadas a estudiantes de alto rendimiento académico[5].

Por su parte, Larroucau (2015) estudia el fenómeno de persistencia en la educación superior y encuentra que la calidad de la universidad y el tipo de carrera a la cual se accede son factores importantes, existiendo indicios de heterogeneidad al interior del sistema. Aunque el estudio se destaca por explorar el rol de las instituciones y de las carreras en las tasas de persistencia, no se limita solo a ello, sino que también analiza el rol de las variables individuales y de política, concluyendo que la persistencia universitaria es un fenómeno multicausal, influido por factores de habilidad individual del estudiante, socioeconómicos, demográficos y también por aspectos relacionados con la calidad del establecimiento donde cursó la enseñanza media y de la carrera y universidad a la cual accede.

También a nivel institucional, pero del conjunto de instituciones que forman parte del Consejo de Rectores de las Universidades Chilenas agregadamente, observamos cierta investigación en torno a la batería de pruebas de admisión utilizadas desde 2003 por este grupo de universidades. El sistema de admisión chileno y los resultados de estas investigaciones se describen con más detalle en el capítulo 2 de este libro.

2.3 El rol de la Política Educacional en la matrícula y en la persistencia en la educación superior

En esta sección se presentan los resultados de la investigación que se ha centrado en la relación existente entre esfuerzos de política educacional e indicadores de éxito académico. La primera sección se centra en el efecto o asociación con matrícula y la segunda se focaliza en su relación con persistencia en la educación superior.

---

[5]   Nuevos programas institucionales de admisión han sido implementados por diferentes instituciones de educación superior en los últimos 10 años y tres de ellos serán analizados en profundidad en los capítulos 5, 6 y 7 de este libro.

2.3.1 Políticas de educación superior en chile y sus efectos en la matrícula

Los estudios que han examinado la relación entre financiamiento estudiantil entregado por el gobierno y la matrícula presentan evidencia empírica que en general muestra un efecto positivo de las ayudas estudiantiles para estimular la matrícula, tanto a través de becas como de créditos. Paredes y Hernández (2007) encuentran una fuerte influencia de las condiciones económicas en las decisiones de educación superior, mostrando cómo los estudiantes de escasos recursos tienden a seguir carreras técnicas más cortas o simplemente prefieren comenzar a trabajar y no ingresar a la educación superior. Meneses y Blanco (2010), quienes hacen uso de variables instrumentales para controlar el problema de endogeneidad[6], también encuentran un efecto positivo entre ayudas financieras y matrícula, especialmente en el sector universitario. Los autores definen ayudas financieras como becas y los fondos de crédito solidario (FCS), pero el estudio no incluye el Crédito con Aval del Estado (CAE)[7]. Por su parte, el estudio sobre la efectividad de becas y créditos encargado por el Ministerio de Hacienda de Chile y realizado por el centro de Centro Intelis de Análisis de la Innovación y Emprendimiento de la Universidad de Chile en 2011 (Intelis & Verde, 2012), encontró evidencia a favor del efecto del crédito en el aumento de matrícula. El estudio utilizó la metodología de regresión discontinua.

---

[6] El estudio de los factores que influyen en la matrícula, especialmente del rol de los beneficios socioeconómicos, adolece de un problema de endogeneidad. Esto se refiere a que la ayuda financiera no es entregada de manera aleatoria, sino que está destinada a ciertos grupos que cuentan con características que, a su vez, están relacionadas con la variable de resultado (Lisenmeier et al, 2006, p.2). Con el objetivo de abordar este problema algunos estudios han implementado las metodologías de Regresión Discontinua (van der Klaauw, 2002; Kane, 2002; Solis, 2011), de Diferencias en Diferencias (Bettinger, 2010) de Propensity Score Matching (Melguizo et al., 2011; Agodini & Dynarski, 2004) y/o Variables Instrumentales (Bettinger, 2010; Meneses & Blanco, 2010).

[7] EL FCS está disponible solo para alumnos matriculados en instituciones del CRUCH y fue el único con tasa subsidiada hasta 2011. El CAE está disponible para todo tipo de estudiantes. Para una explicación detallada de las becas y créditos disponibles para estudiantes que cursan la educación superior, ver la sección "Financiamiento Estudiantil" del capítulo

2.3.2 Políticas de educación superior en Chile y sus efectos en la persistencia

Los estudios revisados, además, apoyan el efecto positivo de los préstamos en la reducción de las tasas de deserción de la educación superior, especialmente en el caso del CAE (Santelices, Catalán, Kruger & Horn, 2015; Acuña et al., 2010; Barrios, Meneses & Paredes, 2011; Centro de Estudios MINEDUC, 2012; Rau, Rojas & Urzúa, 2011; Solis, 2011). El efecto de becas sobre deserción ha sido menos estudiado y las conclusiones obtenidas por los investigadores son menos consistentes entre estudios y con la literatura internacional, posiblemente debido a las múltiples y diversas metodologías utilizadas.

El estudio de Rolando, Salamanca y Lara (2012) sobre persistencia a primer año para las cohortes 2007-2010, que explora la relación entre la tasa de persistencia institucional y variables sociodemográficas, institucionales y de ayuda financiera[8], observa mayores niveles de persistencia entre estudiantes con ayuda financiera (alrededor de 20 puntos porcentuales más que aquellos sin beneficios). Al diferenciar según las características del beneficio, se constata un mejor desempeño en términos de persistencia de aquellos estudiantes que cuentan con alguna combinación de beneficios, destacando un mayor porcentaje de persistencia entre los beneficiarios del CAE en relación a beneficiarios de becas.

El Informe del Banco Mundial (2011) sobre el CAE establece que las tasas de deserción de los alumnos beneficiados son un tercio o un cuarto de aquellas de los alumnos no beneficiados, dependiendo de si el alumno estudia en universidades o en CFTs o IP (pp. 42-43). En este caso, se comparó el desempeño académico del grupo de beneficiados por el CAE con aquel de los alumnos no beneficiados, pero sin establecer variables que controlen por endogeneidad, por no contarse con suficiente información sobre los no beneficiados.

---

[8] Tasa de persistencia de primer año se define como el cociente entre el número de estudiantes que ingresan como alumnos de primer año a una carrera o programa en un año determinado, y el número de esos mismos estudiantes que se mantienen como estudiantes antiguos en la misma institución al año siguiente. La tasa de deserción de primer año es el inverso de la tasa de retención (1-tasa de retención) (Rolando et al., 2012, p. 5).

Por su parte, el estudio de Barrios et al. (2011) analiza si el estudiante estuvo matriculado de manera continua, o si deserta durante el período estudiado. Los autores evalúan el efecto de la ayuda financiera sobre los resultados académicos empleando un modelo logístico para la modelación de la probabilidad de desertar y focalizándose en las diferencias existentes en las tasas cobradas por el CAE y el CFS, pero sin considerar el posible problema de sesgo por endogeneidad en los datos. Los autores, identificando solo el tipo de ayuda recibida y no los montos, concluyen que los beneficios con tasas de mercado (CAE) son más efectivos que las becas y el CFS (crédito subsidiado) para reducir las tasas de deserción, especialmente de los alumnos de menores ingresos. Estos resultados llaman la atención y podrían atribuirse a la falta de controles por endogeneidad, ya que si bien la literatura internacional apoya el hecho de que los créditos estarían asociados a menores tasas de deserción (Chen & DesJardins, 2008; Stratton, Otoole y Wetzel, 2005), Chen y DesJardins (2010) encontraron que solo los créditos subsidiados reducen dicho fenómeno, no así lo créditos a tasas de mercado. Aún más, mientras Chen y DesJardins (2010), Bettinger (2010) y Stratton, Otoole y Wetzel (2005) reportan una reducción de la deserción entre los estudiantes que reciben becas, Barrios et al. (2011) observan lo contrario: el hecho de tener beca estaría asociado a una mayor probabilidad de deserción.

De la misma manera, un estudio realizado por el Centro de Estudios del MINEDUC (2012), a través de un modelo logit binario, estudió la importancia de diversas variables en la predicción de la permanencia en el sistema de educación superior tras un año de estudios, para la cohorte que ingresó en 2007. El modelo incluyó variables sociodemográficas, académicas, vocacionales relacionadas con la institución y de ayuda financiera, encontrando la existencia de asociaciones positivas y significativas entre distintos programas de beneficios, principalmente el CAE y el CFS, pero también para las becas (que son analizadas en conjunto).

Acuña, Makovec y Mizala (2010) investigaron la importancia de distintos factores en las tasas deserción en la educación superior, controlando por la probabilidad de que el alumno se haya matriculado en una institución. Sus resultados indican que los beneficiarios de becas y créditos tienen menos probabilidad de desertar que aquellos estudiantes que no reciben beneficios.

Solis (2011) también estudió el efecto del crédito (CAE y CFS) sobre la probabilidad de deserción y sobre otros indicadores académicos utilizando metodología que intenta controlar por el posible sesgo de endogeneidad. El autor hizo uso de la discontinuidad que se genera de manera natural a partir de los requisitos para asignar estos beneficios (puntajes en la Prueba de Selección Universitaria) y reporta que los alumnos con acceso a crédito tienen 6 puntos porcentuales menos de probabilidad de desertar luego de su primer año y 11 puntos porcentuales menos de desertar después de su segundo año, lo cual es equivalente a una disminución de 31% y 38%, respectivamente. Solis concluye que el acceso al crédito, de otra forma no disponible para los grupos beneficiados, y no el precio subsidiado del CFS, es la fuerza principal detrás de los resultados obtenidos.

El artículo de Rau, Rojas y Urzúa (2011) también apoya el efecto positivo del CAE en reducir la probabilidad de deserción de primer año de alumnos universitarios (17,5%) y alumnos de CFTs o IP (24%), especialmente entre alumnos de menores ingresos y menor nivel de habilidad. De acuerdo a los autores, el modelo utilizado permite controlar por el sesgo de endogeneidad y autoselección en variables observables y no observables. Ni Solis (2011) ni Rau, Rojas y Urzúa (2011) analizaron el rol de las becas sobre deserción.

A diferencia de los estudios descritos hasta aquí, el estudio sobre la efectividad de becas y créditos encargado por Intelis y Verde (2012), no encontró evidencia a favor ni de los créditos (CFS y CAE) ni de la Beca Bicentenario (BBIC)[9] sobre la deserción de primero y segundo año al interior de una misma institución de educación superior.

Si bien la mayoría de los estudios nacionales apoyan el efecto positivo del crédito sobre la deserción en educación superior, especialmente del CAE, existen excepciones (Intelis y Verde, 2012). Además, los resultados de estas investigaciones son inconsistentes

---

[9]   Para más detalles sobre financiamiento estudiantil, ver sección "Financiamiento Estudiantil" en capítulo 2.

en relación al efecto de las becas sobre deserción. Estas diferencias podrían deberse a diferencias metodológicas. Hasta ahora la disponibilidad de información completa a nivel sistema sobre las características sociodemográficas, beneficios socioeconómicos y rendimiento académico de los alumnos ha limitado el estudio de los determinantes de la deserción en Chile. Aunque ha habido esfuerzos recientes en esta línea, especialmente en lo referente a la efectividad del crédito, la rigurosidad y profundidad con que se han estudiado las variables que explican deserción es heterogénea.

El estudio recientemente realizado por Santelices, Catalán, Kruger y Horn (2015) aplica estrategias de identificación robusta (Bettinger, 2010) por medio del uso de propensity score matching (PSM). Aunque no sin limitación, una de las fortalezas de la estimación de propensión score matching es que controla el sesgo en el efecto del tratamiento (Agodini & Dynarski 2004). Este estudio utiliza además una base de datos nueva que combina múltiples fuentes nacionales y permite una comprensión completa de la influencia de la ayuda en la persistencia de los estudiantes en una amplia gama de instituciones. El estudio explora simultáneamente el efecto de becas y préstamos. Los resultados del PSM, que controlan por el posible efecto de selección de características observables de los indviduos en la ayuda financiera, muestran que el CAE es el tipo de ayuda estudiantil que se relaciona más fuertemente con la persistencia y su efecto es homogéneo para los estudiantes de diferentes grupos socioeconómicos. Entre las becas, se observan efectos positivos de becas focalizadas en estudiantes de menores ingresos que asisten a instituciones técnicas (BNM) y pequeños efectos de becas focalizadas en alumnos de buen desempeño académico en cohortes recientes. Sin embargo, no se observan efectos positivos del BBIC (estudiantes universitarios), ni de préstamos subvencionados (CFS) sobre la persistencia.

3. CONCLUSIÓN

Este libro profundiza en el rol que las **instituciones** de educación superior juegan en la postulación y desempeño académico de los alumnos, al ser las organizaciones más cercanas a los estudiantes que hoy están en la educación superior y, por lo tanto, ejercen potencialmente un importante nivel de influencia sobre sus acciones. No obstante, las iniciativas institucionales se enmarcan en un continuo educacional en el que inciden variables propias del alumno, características de su entorno familiar y escolar, las características de las instituciones de educación superior, las estructuras, y políticas educacionales y sociales que definen caminos y oportunidades desde muy temprano en las trayectorias de los estudiantes. De modo de dar cuenta de esta diversidad de variables, en este capítulo se presentaron los principales hallazgos de la literatura nacional e internacional respecto de los factores que inciden en el tránsito y éxito de los estudiantes en la educación superior. Muchos de ellos han sido estudiados ampliamente tanto en sus efectos en matrícula como en persistencia.

El capítulo 2 se enfoca en describir el sistema de educación superior chileno y la matrícula de los últimos años, a fin de entregar mayor contexto para los programas institucionales que serán descritos en los capítulos 5, 6 y 7 y discutidos en los capítulos 8 y 9.

CAPÍTULO 2

SISTEMA DE EDUCACIÓN SUPERIOR EN CHILE Y ALGUNAS DE SUS UNIVERSIDADES SELECTIVAS

A modo de entregar contexto a los programas que se analizarán en profundidad en los capítulos 5, 6 y 7, en este capítulo se presentan antecedentes sobre la matrícula y la composición del alumnado que ha asistido a la educación superior en Chile durante los últimos diez años. En la primera sección se presentan estadísticas describiendo la matrícula del sistema de educación superior en Chile. A continuación se describe la persistencia de los alumnos en el sistema, para luego introducir el sistema de admisión a la universidad del país y el sistema de financiamiento estudiantil. En la última sección se analizan las principales tendencias en la postulación y admisión de alumnos de menores ingresos al sistema universitario, comparándolas con las tendencias observadas en la Universidad de Santiago, la Universidad de Chile y la Pontificia Universidad Católica de Chile, las tres instituciones tradicionales y selectivas del país en las cuales se insertan los programas que describiremos en los capítulos que siguen.

1. ANTECEDENTES DE MATRÍCULA Y COMPOSICIÓN DEL ALUMNADO

En noviembre de 2016 la educación superior de Chile contaba con 157 instituciones: 60 universidades, 43 Institutos Profesionales (IP) y 54 Centros de Educación Técnica (CFT). Entre las universidades, las 25 más antiguas y que han recibido financiamiento del gobierno desde sus orígenes, son miembros del Consejo de Rectores de Universidades Chilenas (CRUCH), mientras que 35 son privadas y surgieron después de 1981 (Servicio de Información de Educación Superior, SIES, 2015). El CRUCH incluye también las dos universidades recientemente fundadas: la Universidad de O´Higgins y la Universidad de Magallanes, creadas en 2015. Sólo las instituciones que son miembros del CRUCH[10] reciben financiamiento público directo, por lo que en el resto del texto serán denominadas "instituciones públicas".

El número de estudiantes que asisten a la educación superior ha aumentado significativamente en Chile durante los últimos 30 años. En 2014, la tasa de matrícula alcanzó el 39,3% de la población entre 18 y 24 años (SIES, 2014), mientras que la Encuesta de Caracterización Socioeconómica Nacional (CASEN) estimó que la misma tasa de matrícula era del 12,8% en 1990 (Ministerio de Desarrollo Social, 2015). En 2016, el total de matriculados en la educación superior fue de 1.178.437: 55,6% en Universidades, 32,3% en IP y 12% en CFT (SIES, 2016).

Bernasconi y Rojas (2004) reportan que mientras en 1980 la totalidad de las instituciones de educación superior del país correspondía a 8 universidades, en 1990 existían 302 instituciones, de las cuales 20 eran universidades con subsidio estatal, 40 universidades sin financiamiento estatal, 81 IP y 161 CFT (Bernasconi & Rojas, 2004, p. 25). Desde el máximo observado en los años 90, la cantidad de instituciones ha tendido a disminuir y hoy el sistema consta de un total de 157.

Si bien el número de matriculados en la educación superior ha crecido significativamente para todos los grupos socioeconómicos en las últimas tres décadas, el acceso a este nivel educativo y el tipo de institución elegida por cada grupo aún muestra diferencias importantes entre alumnos de distinto nivel socioeconómico (Comisión de Financiamiento Estudiantil, 2012; Beyer & Cox, 2017). Según la

---

10   El Consejo de Rectores fue conformado en 1954 y está compuesto por las universidades estatales, estatales derivadas, privadas tradicionales y derivadas de privadas tradicionales. Estas instituciones son (1) Universidad de Chile, (2) Universidad de Santiago de Chile, (3) Universidad Arturo Prat, (4) Universidad de Antofagasta, (5) Universidad de Atacama, (6) Universidad de La Frontera, (7) Universidad de La Serena, (8) Universidad de Magallanes, (9) Universidad de Talca, (10) Universidad de Valparaíso, (11) Universidad de Tarapacá, (12) Universidad de Playa Ancha de Ciencias de la Educación, (13) Universidad Metropolitana de Ciencias de la Educación, (14) Universidad del Bío-Bío, (15) Universidad de Los Lagos, (16) Universidad Tecnológica Metropolitana, (17) Pontificia Universidad Católica de Chile, (18) Universidad de Concepción, (19) Pontificia Universidad Católica de Valparaíso, (20) Universidad Técnica Federico Santa María, (21) Universidad Austral de Chile, (22) Universidad Católica del Norte, (23) Universidad Católica de la Santísima Concepción, (24) Universidad Católica del Maule, (25) Universidad Católica de Temuco.

CASEN 2015, la tasa neta de acceso a la educación superior en el quintil de ingreso más alto es de 54,3%, mientras que en el primer quintil de ingreso esta tasa es solo del 29,3% (Ministerio de Desarrollo Social, 2016). Esta diferencia se hace más significativa cuando se considera la matrícula de estudiantes de diferentes niveles socioeconómicos por tipo de institución. Según el informe de la Organización para la Cooperación y el Desarrollo Económico (OCDE), en Chile hay marcadas diferencias en el tipo de institución de acceso de los jóvenes por situación socioeconómica. Los estudiantes más pobres, por ejemplo, tienen más probabilidades de inscribirse en IP y CFT (OECD, 2009, p.83) que en su mayor parte no están acreditados (SIES, 2015). Por otro lado, un 79% de los alumnos que acceden a la educación superior del quinto quintil asiste a las universidades del CRUCH y privadas, mientras que entre los alumnos del primer quintil este porcentaje alcanza un 58% (Casen, 2015; Comisión de Financiamiento Estudiantil, 2012, p. 19).

La proporción más baja de los jóvenes de menor nivel socioeconómico en las universidades selectivas está relacionada en parte con el proceso de admisión "ordinaria", que pondera de manera mayoritaria el puntaje obtenido en la Prueba de Selección Universitaria (PSU). Los jóvenes de bajo nivel socioeconómico obtienen sistemáticamente puntuaciones más bajas, lo que limita sus posibilidades de asistir a universidades (OCDE, 2009). Por ejemplo, en el proceso 2016, los estudiantes de escuelas públicas (principalmente estudiantes de bajo nivel socioeconómico) tuvieron una puntuación media de 472 puntos en la PSU (en una escala que oscila entre 250 y 850 puntos), mientras que los estudiantes procedentes de colegios privados (de las familias de mayor nivel socioeconómico del país) obtuvieron una puntuación media de 593 puntos.

2. ANTECEDENTES SOBRE PERSISTENCIA DE LOS ESTUDIANTES EN LA EDUCACIÓN SUPERIOR

El estudio de Santelices, Catalán, Horn y Kruger (2015) examinó en profundidad el fenómeno de la persistencia y deserción de la educación superior en Chile. Para ello, se conformó un panel de alumnos que egresó de la educación secundaria y rindió la PSU a fines de 2009, y se le siguió durante los próximos 5 años. En dicho estudio se reportan tasas de persistencia continuas **a nivel del sistema** de aproximadamente 86% hasta el segundo año (P1), 77% hasta el tercer año (P2), 71% hasta el cuarto año (P3) y 63% hasta el quinto año (P4). Los resultados sugieren que, en los 5 años estudiados, la mayor tasa de abandono del sistema se observa entre el primer y el segundo año (14%). Las tasas de abandono en el tercer, cuarto y quinto año son 9%, 6,6% y 7,2%, respectivamente. Es importante destacar que aproximadamente un tercio de los alumnos que abandona el sistema de educación superior vuelve a matricularse en alguna institución del sistema al cabo de un año. Esta proporción es relativamente estable independiente del nivel de avance de la carrera académica del alumno. El reingreso a la misma institución es considerablemente más bajo: entre un 5% y un 7% de los estudiantes que abandona sus estudios regresa a la misma institución, siendo este porcentaje más alto mientras más haya avanzado el estudiante en su carrera.

Según estimaciones de SIES (2016), la tasa de **retención institucional** de primer año, considerando los programas regulares de pregrado, es de 71,3% para la cohorte de estudiantes 2015, siendo las universidades las instituciones con mayores tasas de retención (77,2%). En IP y CFT, en tanto, la retención es de 67,6% y 65,7% respectivamente. En la misma línea, las carreras profesionales (con y sin licenciatura) tienen tasas de retención de primer año de 76,1%, mientras que las técnicas alcanzan 66,1%. SIES (2016) reporta tasas de persistencia similares a las descritas para 2015 para las cohortes 2010-2014, pero mostrando un leve aumento a lo largo del tiempo. La cohorte 2011, por ejemplo, contó con una persistencia institucional general de 68,6%, que aumentó a 69,1% en 2012, a 69,5% en 2013 y a 70,5% en 2014. El estudio de Santelices, Catalán, Kruger y Horn (2013) reveló tasas de persistencia institucional a primer año de entre 70% y 79% para las cohortes 2007-2010 (considerando universidades, IP y CFT). Este análisis reporta una creciente caída en las tasas de persistencia de los estudiantes durante el transcurso de los períodos de seguimiento, las que alcanzaron alrededor de un 54% al cuarto año de seguimiento en el caso de la cohorte 2010.

3. CARACTERÍSTICAS DEL SISTEMA DE ADMISIÓN A LAS UNIVERSIDADES EN CHILE

Las veintisiete universidades pertenecientes al CRUCH y doce de las universidades privadas tienen un sistema común de admisión (SUA) que pondera las calificaciones de la escuela secundaria, las puntuaciones de la Prueba de Selección Universitaria o PSU y, desde 2012, también el ranking de notas de los estudiantes. La PSU consiste en una batería de pruebas, incluyendo las de Lenguaje y Comunicación y Matemática, que son obligatorias para todos quienes deseen ingresar a alguna carrera ofrecida por las universidades participantes de este sistema centralizado, y las de Historia y Ciencias Sociales y de Ciencias, **que son opcionales**[11]. Los ponderadores de estos criterios son definidos por cada una de las instituciones pero existen acuerdos sobre el porcentaje mínimo otorgado a cada uno. El proceso de postulación es administrado centralizadamente por la Dirección de Evaluación, Medición y Registro Educacional (DEMRE), dependiente de la Universidad de Chile.

Este proceso de admisión centralizada y común del CRUCH, administrada por el DEMRE, corresponde a la **admisión regular u "ordinaria"** de estas instituciones. También existen los procesos de **admisión especial**, que son administrados por cada casa de estudios en forma independiente. Los procesos de admisión especial consideran las postulaciones de alumnos en las siguientes situaciones: desean cambiarse de carrera, provienen de otras universidades, han cursado la educación secundaria en el extranjero, son hijos de funcionarios, son de origen indígena, son deportistas destacados, etc. Cabe destacar que los programas que se analizan en los siguientes capítulos de este libro también se consideran como parte del proceso de admisión especial dentro de sus respectivas instituciones.

La sistematización y estandarización de los procesos de admisión especial varían de universidad en universidad, pero en general los

---

[11] En algunas instituciones existen también pruebas especiales para las carreras de teatro y música. Estas son diseñadas y administradas en forma independiente por cada institución. Los resultados finales se entregan al DEMRE, que incorpora los puntajes de pruebas especiales en la postulación de cada estudiante.

antecedentes académicos son complementados con indicadores e instrumentos adicionales, incluyendo entrevistas realizadas por funcionarios o académicos de las unidades a las cuales los postulantes desean ingresar[12]. El rol de la administración central en las instituciones analizadas consiste en la recolección de antecedentes académicos y personales de los postulantes y la constatación de que los postulantes cumplen con ciertos criterios académicos mínimos. La implementación de cada uno de estos criterios es también particular a cada casa de estudios. La admisión por vía especial está limitada por acuerdo del CRUCH a 15% de la matrícula de nuevos alumnos de cada año (acuerdo del año 2017). Para un análisis detallado del sistema de admisión en Chile ver Santelices, Catalán y Galleguillos (2015).

La adopción del ranking de notas de educación media como un indicador de admisión por las instituciones que participan del SUA en 2012 y las iniciativas institucionales, de alcance más limitado, tales como el Propedéutico de la Universidad de Santiago (Gil & Bachs, 2008; Gil & del Canto, 2012), Sistema de Ingreso Prioritario de Equidad Educativa de la Universidad de Chile (Amigo, Barba, Bravo, Coddou, Devés, Figueroa et al., 2011; Devés, Castro, Mora & Roco, 2012), Talento e Inclusión de la Universidad Católica de Chile (Talento e Inclusión, 2012; Cifuentes, Bennet y del Río, 2012) y la red de Propedéuticos (http://www.propedeutico.cl/), muestran el interés de las universidades chilenas, y especialmente de aquellas con un mayor grado de selectividad, por promover la equidad en el acceso a la educación superior. El Programa de Acompañamiento y Acceso Efectivo a la Educación Superior (PACE) es la más reciente iniciativa estatal en esta materia. Para ver más detalles sobre el uso del ranking de educación media se sugiere ver Santelices, Catalán, Horn y Venegas (2017).

Las universidades creadas con posterioridad a 1981 que hoy no están adscritas al Sistema Único de Admisión cuentan con procedimientos de admisión propios, que incluyen requisitos y

---

[12]   Dichas entrevistas varían en su grado de estructuración y en el nivel de capacitación o especialización de los entrevistadores.

calendarios particulares, tanto para su admisión regular como para sus procesos de admisión especial.

4. FINANCIAMIENTO ESTUDIANTIL PARA LA EDUCACIÓN SUPERIOR

El aumento de la matrícula en el sector terciario experimentado en Chile se explica en gran medida por el aumento de los beneficios estudiantiles entregados por el Estado durante los últimos diez años. El interés por promover la matrícula en la educación superior ha sido motivada por su importante retorno económico, documentada tanto en estudios nacionales (Sapelli, 2009; Beyer, 2000; Mizala & Romaguera, 2003) como internacionales (OECD, 2009). El último informe de la OECD sobre Educación Superior en Chile estimó que quienes cuentan con educación universitaria completa obtienen un ingreso casi cuatro veces superior al recibido por quienes solo terminan la educación media. Beyer (2000) concluye que un año más de educación básica o primaria tiene un efecto marginal sobre los salarios de 6%, un año de educación secundaria tendría un retorno adicional cercano al 10%, mientras que un año adicional de educación superior tendría un retorno de 22%[13].

Actualmente la ayuda financiera para la educación superior se encuentra disponible para estudiantes a través de distintos mecanismos, tanto nacionales como institucionales. En esta sección se describirán principalmente aquellos disponibles a través del Estado de Chile, debido a su preeminencia en el total de ayudas financieras que reciben los alumnos. El presupuesto asociado a becas de arancel para educación superior creció en 280% entre 2005 y 2009, pasando de $107.536 millones de pesos a $410.500 millones de pesos[14]. En 2015, el Estado de Chile destinó recursos por un total de $500.000 millones

---

[13] Sin embargo, Meller (2010) y Urzúa (2012) destacan la diferencia en el retorno económico entre carreras y entre instituciones, ya que en algunos casos la decisión de asistir a la educación superior pudiese no ser rentable.

[14] Cálculos propios sobre la base de las leyes de presupuesto respectivas (Dirección de Presupuesto, 2011) (www.dipres.gob.cl).

de pesos para becas de arancel y $700.000 millones de pesos para créditos (Galleguilos et al., 2016)[15], lo que equivale a un incremento real de aproximadamente 130% entre 2009 y 2015.

El informe de la Comisión de Financiamiento Estudiantil (2012) estimó que, en términos de beneficiarios de becas de arancel, se pasó de 42.646 en 2005 a 397.386 en 2015 (Portal Becas y Créditos, 2017a). Los beneficiarios de créditos fueron 443.299 en 2015 (Portal Becas y Créditos, 2017b).

La importancia de los beneficios estudiantiles en la expansión de la matrícula en la educación superior queda de manifiesto al considerar el alto costo de la educación terciaria en Chile y la estimación, a partir de la encuesta CASEN 2003, de que solo los alumnos provenientes del quinto quintil de ingreso no requerirían de apoyo financiero para pagar sus estudios (PNUD, 2005, p.50). Datos de la CASEN 2009 muestran que mientras en el decil más rico el valor del arancel promedio alcanza un 20% del ingreso per cápita, en el sexto decil el valor del arancel promedio supera la media del ingreso per cápita, y en el decil más pobre este alcanza a 8 veces el ingreso per cápita promedio.

Según la clasificación hecha por Intelis y Verde (2012) sobre la oferta de becas para la educación superior entregadas por parte del Estado[16], estas pueden dividirse en tres principales tipos: (1) de equidad, destinadas a personas que, teniendo mérito suficiente para entrar a la educación superior, no cuentan con los recursos económicos necesarios para hacerlo (donde se agrupa la mayoría de las becas); (2) de pertinencia, que buscan incentivar el estudio de carreras definidas como prioritarias por la autoridad pública (beca para estudiantes destacados que entran a estudiar pedagogía, actual beca Vocación de Profesor); y

---

[15]   Expresado en pesos de 2016. Expresado en pesos de 2016.

[16]   Para postular a la ayuda estudiantil entregada por parte del Estado a los estudiantes que ingresan a la educación superior, los postulantes deben ingresar al sitio web www.becasycreditos.cl en plazos definidos año a año para cargar sus antecedentes a través de un formulario único de acreditación socioeconómica, FUAS. Estos datos se validan a través de distintos medios de verificación, luego de lo cual se procede a la pre-asignación por parte del MINEDUC, que se concreta como asignación una vez que el estudiante se matricula en la institución de educación superior presentando la documentación correspondiente.

(3) para grupos específicos, que buscan transferir recursos a ciertos grupos de la población que han sufrido daños o requieren de apoyos especiales (beca para hijos de profesionales de la educación y becas de reparación) (p.31). Existen además dos fuentes de créditos al que pueden acceder los alumnos que se matriculan en la educación superior: el Crédito de Fondo Solidario Universitario (CFS) y el Crédito con Aval del Estado (CAE). Además, a partir de 2016 y vía Ley de Presupuestos, los alumnos de ingresos familiares dentro de los primeros cinco deciles más bajos pueden estudiar gratuitamente en las universidades, IP y CFT que no tengan fines de lucro[17], cumplan con los requisitos de admisión establecidos para este efecto, tengan cuatro años de acreditación y decidan adscribirse al sistema. El beneficio de gratuidad se extendió a alumnos del sexto decil de ingresos y a IP y CFT que cumplieran con los requisitos establecidos en la Ley de Presupuestos aprobada en 2017. En 2016 había treinta universidades adscritas, de las cuales cinco eran privadas. En 2017 se adscribieron las dos nuevas universidades estatales, seis IP y seis CFT (Gratuidad, 2016). En enero de 2018 se aprobó la Ley de Educación Superior que consagra la gratuidad por ley, y no vía presupuesto.

Intelis y Verde (2012) reportan una estimación del porcentaje de estudiantes que recibe ayuda estudiantil: aproximadamente 40% de los matriculados en 2012 recibió algún tipo de ayuda estudiantil y cerca de un 20% de este grupo obtuvo algún tipo de beca. En relación a la cobertura de becas respecto a la población objetivo, estos porcentajes varían dependiendo de la beca, entre un 13% y un 64%[18].

En relación con los montos que cubren estos beneficios, en general (a excepción de la beca Valech de reparación para titulares y

---

[17]   En el caso de los Institutos Profesionales y Centros de Formación Técnica con fines de lucro, deben haber manifestado al Ministerio de Educación su intensión de transformarse en instituciones sin fines de lucro. (http://www.gratuidad. cl/2016/12/16/universidades/).

[18]   La población objetivo se define como la proporción de alumnos que cumple con los requisitos de asignación. Cabe destacar que al desagregar por beneficio, algunas cifras de cobertura pueden estar subestimadas, ya sea por una sobre estimación de la población objetivo producto del uso de la información autoreportada sobre ingresos familiares, como por el hecho de que las becas de arancel son sustitutivas y los alumnos, aun cumpliendo los requisitos de varias de ellas, deben optar solamente por una (Intelis y Verde, 2012).

la beca Vocación de Profesor) las becas y el FSC no cubren el total del arancel real, sino que como máximo el arancel de referencia. Según estimaciones de Intelis y Verde (2012), las becas de equidad alcanzan a cubrir alrededor de un 50% del promedio (ponderado) de los aranceles reales que enfrentan los estudiantes, siendo la beca Bicentenario la que cubre un mayor porcentaje (83%) (p. 75). Solo el beneficio de la "gratuidad" y el CAE puede financiar el total del arancel real, y no solo el arancel de referencia (Portal Becas y Créditos, 2017c).

Es importante destacar la diferencia en la disponibilidad de beneficios que hasta recientemente existía entre alumnos que accedían a instituciones del CRUCH y aquellos matriculados en instituciones privadas que no forman parte de este conglomerado. La beca Bicentenario, por ejemplo, hasta 2017 estuvo disponible solo para alumnos que se matriculaban en instituciones miembros del CRUCH y que además cumplían con los demás requisitos del beneficio[19]. Hasta la implementación de la gratuidad, esta beca era la de mayor asignación presupuestaria, concentrando aproximadamente 70 mil millones de pesos anuales. Asimismo, el CFS, disponible solo para estudiantes matriculados en instituciones del CRUCH, cobraba tasas de interés equivalentes a un tercio de las tasas cobradas por el CAE. El CAE es el sistema de crédito al que accedían principalmente, aunque no únicamente, los estudiantes de instituciones privadas entre 2006 y 2011 (Banco Mundial, 2011)[20]. Estas diferencias a favor de estudiantes del CRUCH, tanto en la disponibilidad de becas como de créditos, se observaron fuertemente hasta 2011. Ese año se introdujeron cambios a la Ley de Financiamiento Estudiantil que igualaron las condiciones de crédito a las que podían acceder estudiantes de distintos tipos de instituciones. En 2018, se amplió la cobertura de la beca Bicentenario también a universidades privadas acreditadas.

---

[19] Pertenecer a los quintiles I y II de ingreso, y alcanzar un puntaje promedio de 550 o superior en las Pruebas de Selección Universitaria de Matemática y Lenguaje.

[20] Para más detalles sobre los criterios de elegibilidad y beneficios de becas y créditos, ver OECD (2009).

5. INCORPORACIÓN DE ALUMNOS DE MENOR NIVEL SOCIOECONÓMICO EN LAS UNIVERSIDADES EN CHILE

Esta sección presenta las tendencias de postulación y admisión observadas en el sistema de educación superior entre 2004 y 2013, especialmente en lo referido a la postulación y admisión de alumnos de nivel socioeconómico bajo. Por medio de estas se intenta entregar una visión general de lo que ha venido ocurriendo con la composición del alumnado universitario durante la última década. Las tendencias que se muestran a continuación no obedecen a un solo cambio, sino que más bien responden a una combinación de distintos factores: cambios demográficos, cambios financieros, preferencias de los alumnos y de sus familias, procesos e instrumentos de selección, esfuerzos institucionales, políticas generales implementadas a nivel del CRUCH, y políticas educacionales ejecutadas por el MINEDUC. Es en este escenario donde se implementan los programas que son el foco de este libro.

La tendencia a nivel de sistema de educación superior se complementa con las tendencias observadas en tres universidades del sistema: la Universidad de Chile, la Universidad de Santiago y la Pontificia Universidad Católica de Chile. Se escogió este grupo de instituciones por ser selectivas y complejas dentro del CRUCH, siendo además las instituciones que albergan los programas institucionales que son el foco de este libro. La literatura ha mostrado la importancia de estudiar la experiencia universitaria en las instituciones emblemáticas por ser el lugar en que se forman los futuros líderes sociales (e.g., Alon & Tienda, 2005; Bowen & Bok, 1998).

El análisis describe, en primer lugar, la composición del alumnado recién egresado de la enseñanza media que es seleccionado por las universidades bajo estudio, aun cuando dichos seleccionados finalmente opten por no matricularse. Esa información se complementa a continuación con la descripción de los postulantes a dichas instituciones, como una forma de describir la evolución de las preferencias por parte de los postulantes a las que se enfrentan las instituciones y que, de alguna manera, restringen su actuar. Por último, se analiza la razón de admitidos sobre postulantes de alumnos de menores ingresos de cada institución (también conocido como tasa de admisión). La evolución de seleccionados, postulantes y tasas de admitidos en las tres casas de estudios se compara con la evolución experimentada en el SUA como un todo, como una forma de entregar información respecto de los cambios que experimenta la población de interés en un contexto más amplio de instituciones.

Para este análisis, por alumnos de menores ingresos entenderemos aquellos que reciben un ingreso familiar menor a $834.000, o que se graduaron de establecimientos públicos o subvencionados o tienen madres que no completaron la educación universitaria. Por sistema, en este caso, se entenderá el conjunto de instituciones que participan del SUA[21]. Este análisis se hizo a partir de información administrada por el DEMRE, la que es provista por alumnos que se inscriben y rinden la PSU y que postulan vía admisión ordinaria a las instituciones del CRUCH. Es decir, no considera el ingreso por admisión especial, que generalmente considera a los programas de inclusión analizados en este libro. El análisis, que considera exclusivamente alumnos egresados de educación media el año inmediatamente anterior al año de análisis, tanto en la definición de postulantes como de seleccionados o admitidos, se presenta usando gráficos para facilitar la identificación de las tendencias; las tablas con la información detallada de las proporciones pueden encontrarse en el Anexo 2.

5.1 Alumnos de Menor Nivel Socioeconómico en las universidades adscritas al SUA: Admisión, Postulación y Tasas de Admisión

Para el caso de los alumnos *seleccionados o admitidos* al sistema de educación superior a través del SUA, se observa que si bien la proporción de alumnos graduados de establecimientos públicos o municipales permanece relativamente sin cambios en el período (ver Figura 1), la proporción de alumnos de menores

---

[21]   Lamentablemente no disponemos de información para las universidades que no forman parte del SUA. Debe considerarse que el número y tipo de instituciones que participan del SUA ha experimentado cambios en los últimos años debido a la incorporación de dos instituciones públicas y doce instituciones privadas.

ingresos y cuyas madres no completaron la educación universitaria presentan ciertas disminuciones. En particular, se observa que la proporción de alumnos graduados de establecimientos municipales o subvencionados en el SUA se inicia y termina en el mismo nivel (76% en 2004 y 76% en 2013) pero entre ambos años se observan valores algo más altos, alcanzando el máximo de 80% en 2008. El grupo de alumnos con ingresos familiares menores o iguales a $834.000 (ver Figura 2) también se mantiene estable y con cierta tendencia a la baja (8 puntos porcentuales) en el período estudiado en la población de seleccionados por el SUA que recién egresa de educación media (76% en 2004 versus 68% en 2013). Finalmente se observa que el grupo de alumnos cuyas madres no completaron la educación universitaria (ver Figura 3) se mantiene estable y con cierta tendencia a la baja (74% en 2005 versus 70% en 2013)

FIGURA 1.

PORCENTAJE DE SELECCIONADOS PROVENIENTES DE COLEGIOS MUNICIPALES Y PARTICULAR SUBVENCIONADOS

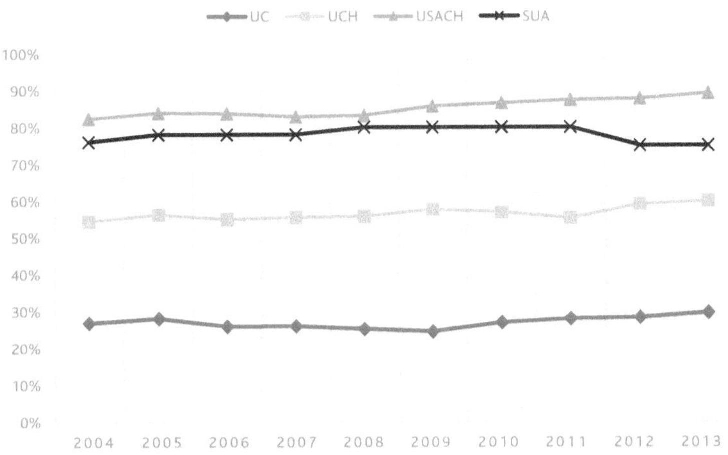

FIGURA 2.

PORCENTAJE DE SELECCIONADOS PROVENIENENTES DE HOGARES CON INGRESOS FAMILIARES MENORES A $834.000

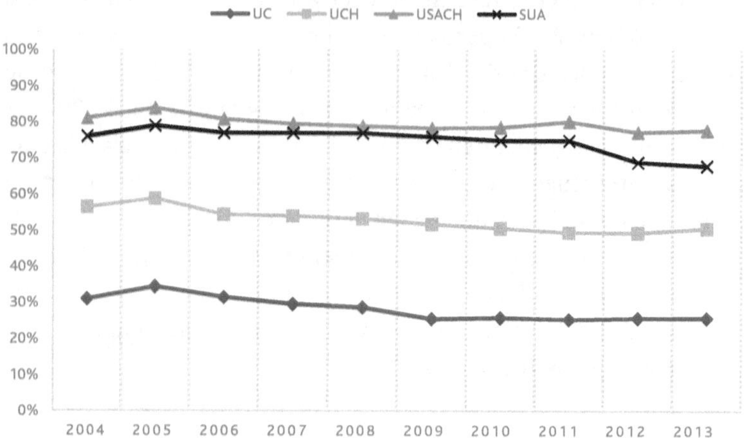

FIGURA 3.

PORCENTAJE DE SELECCIONADOS CON MADRES SIN EDUCACIÓN UNIVERSITARIA COMPLETA

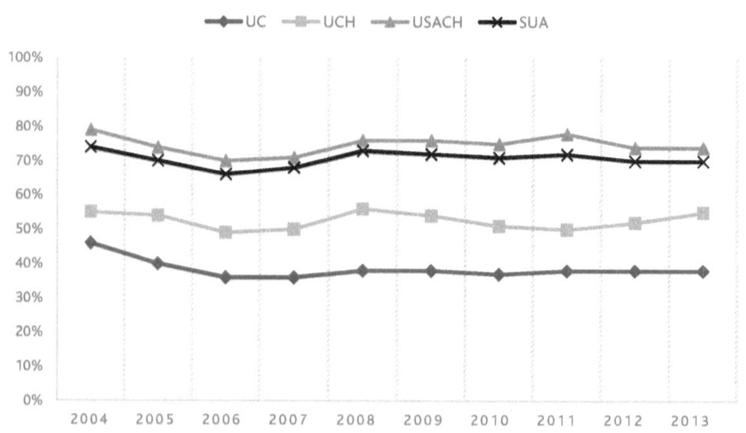

Al observar el grupo de *postulantes* al SUA, se observa una tendencia estable en la proporción de alumnos que se gradúan de establecimientos públicos o municipales (ver Figura 4) y una tendencia a la baja en la proporción de aquellos que vienen del grupo de menores ingresos (ver Figura 5) o cuyas madres no completaron la educación universitaria completa (ver Figura 6). Si bien hay un incremento en las postulaciones de estudiantes de colegios subvencionados y municipales, hacia el final del período de seguimiento se alcanzan porcentajes similares a 2004 (pasando de 77% en 2004 a 78% en 2013). Los postulantes con ingresos familiares menores a $834.00 caen desde 77% (2005) a 71% (2013), mientras que los postulantes cuyas madres no tienen estudios universitarios completos lo hacen desde un 76% en 2004 a 73% de los postulantes en 2013.

Ahora bien, y pese a la menor presencia de los alumnos de menores ingresos en el grupo de alumnos postulando y seleccionados por el SUA, se observa que la tasa de admisión de los tres grupos bajo estudio ha aumentado en el período 2004-2013. La proporción de alumnos admitidos por el SUA, de entre aquellos postulantes que egresaron de establecimientos públicos o subvencionados y que postularon al SUA (ver Figura 7), se incrementó desde un 71% en 2004 a 79% en 2013. El porcentaje de alumnos del nivel de ingresos más bajo que fue admitido (ver Figura 8) alcanzó al 71% en 2004 y subió a 77% en 2013. El porcentaje de alumnos admitidos cuya madre no completó la educación universitaria fue de 70% de los postulantes en 2004 y alcanzó a 78% en 2013 (ver Figura 9).

5.2 Alumnos de Menor Nivel Socioeconomico en la Universidad de Santiago de Chile, Universidad de Chile y Universidad Católica de Chile: Admisión, Postulación y Tasas de Admisión

5.2.1 Evolución de Admitidos. Las proporciones de grupos de menor nivel socioeconómico que son *seleccionados para ingresar* a las tres instituciones de interés se han mantenido relativamente estables, con cierta tendencia a la baja en la proporción de alumnos cuyas madres no completaron la educación universitaria y aquellos con ingresos familiares menores a $834.00 (ver Figuras 1, 2 y 3). La proporción de alumnos graduados de la educación pública o subvencionada, por el contrario, exhibe cierta tendencia al alza en el grupo de seleccionados de las instituciones bajo estudio. Ahora bien, las tendencias observadas a nivel institucional para los estudiantes con madres con menor nivel educativo y para los estudiantes en el tramo más bajo de ingresos familiares van en la misma dirección que las observadas en el grupo de seleccionados del SUA. El tamaño del cambio difiere levemente. En el caso de los alumnos graduados de establecimientos públicos o subvencionados, la tendencia al alza observada en las tres instituciones estudiadas se contrasta con cierta tendencia a la estabilidad entre los seleccionados del SUA.

5.2.2 Evolución en Postulantes. Se observa que, en general, entre 2004 y 2013 las tres casas de estudios han mantenido relativamente estables las postulaciones de los alumnos de contextos desaventajados, con cierta tendencia al alza para aquellos alumnos provenientes de colegios municipales y particulares subvencionados, y cierta tendencia al descenso de la proporción de alumnos de ingresos menores a $834.000 y cuyas madres no alcanzaron a completar la educación terciaria (especialmente en la UC).

FIGURA 4.

PORCENTAJE POSTULANTES EN CUALQUIER
PREFERENCIA PROVENIENTES DE COLEGIOS MUNICIPALES
SUBVENCIONADOS

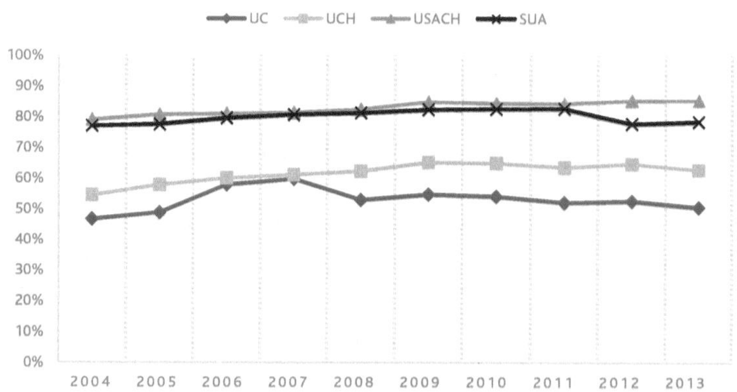

FIGURA 5.

PORCENTAJE DE POSTULANTES SELECCIONADOS EN CUALQUIER PREFERENCIA PROVENIENENTES DE HOGARES CON INGRESOS FAMILIARES MENORES A $834.000

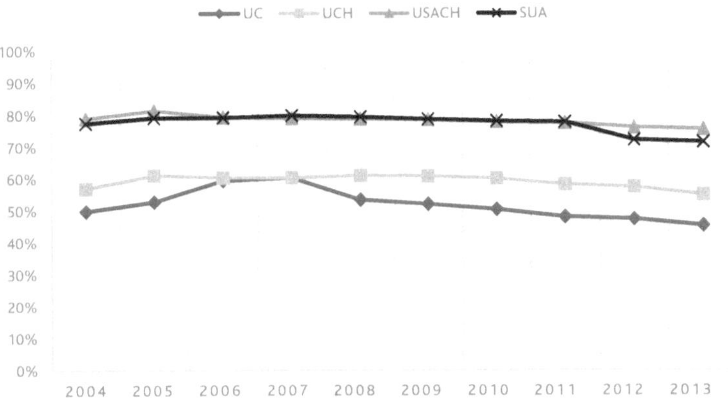

FIGURA 6.

PORCENTAJE DE POSTULANTES EN PRIMERA PREFERENCIA CON MADRES SIN EDUCACIÓN UNIVERSITARIA COMPLETA

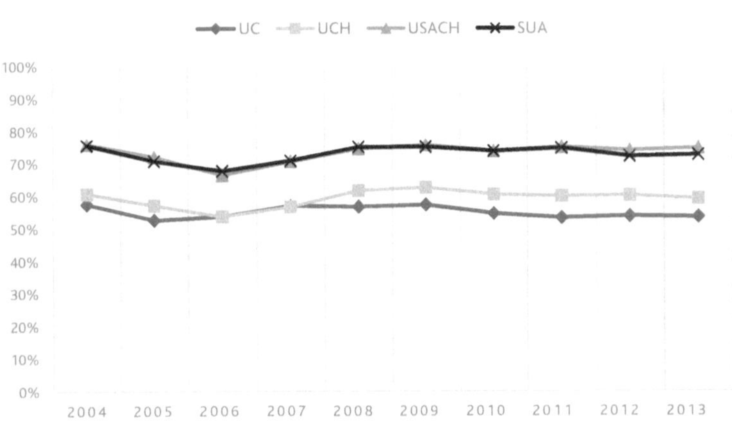

5.2.3 Análisis de Admitidos Sobre Postulantes o Tasas de Admisión. Se observa que entre 2004 y 2013 la razón de admitidos sobre postulantes de menores ingresos se ha mantenido relativamente estable con cierta tendencia a disminuir. La proporción de alumnos que son admitidos de entre el total de postulantes de los tres grupos bajo estudio (graduados de establecimientos públicos o subvencionados (Figura 7), con ingresos menores a $834.000 (Figura 8), alumnos cuyas madres no cuentan con educación univercitaria (Figura 9)) se ha mantenido constante o ha disminuido levemente (entre 1 y 3 puntos porcentuales). Descensos algo mayores se obesrvan alrededor de los años de implementación de los programas analizados en este libro (ver capítulo 3). Esto ocurre mientras el Sistema Único de Admisión (SUA) presenta una tendencia inversa, con una leve alza de la razón de admisión de los tres grupos bajo estudio.

Los porcentajes de jóvenes admitidos de entre aquellos que postulan y provienen de establecimientos del sector municipal o particular subvencionado, de hogares con ingresos bajos y con madres sin educación universitaria completa, son similares en las tres casas de estudios durante el período estudiado: en torno al 20% de los postulantes provenientes de estos grupos es admitido (ver Figuras 7, 8 y 9), siendo los porcentajes levemente más altos en la USACH y más bajos en la UC. La proporción de estudiantes de menor nivel socioeconómico que postula a cualquier universidad adscrita al SUA y que consigue ser seleccionado en alguna de ellas es considerablemente más alta, con una leve tendencia al alza durante el período estudiado. De esta forma, se observa que la USACH, la Universidad de Chile y la UC mantienen un perfil más selectivo que el conjunto de las universidades adscritas al SUA durante el período 2004-2013.

FIGURA 7.

RAZÓN ADMITIDOS SOBRE POSTULANTES (TASAS DE ADMISIÓN) EN CUALQUIER PREFERENCIA PROVENIENTES DE COLEGIOS MUNICIPALES Y SUBVENCIONADOS

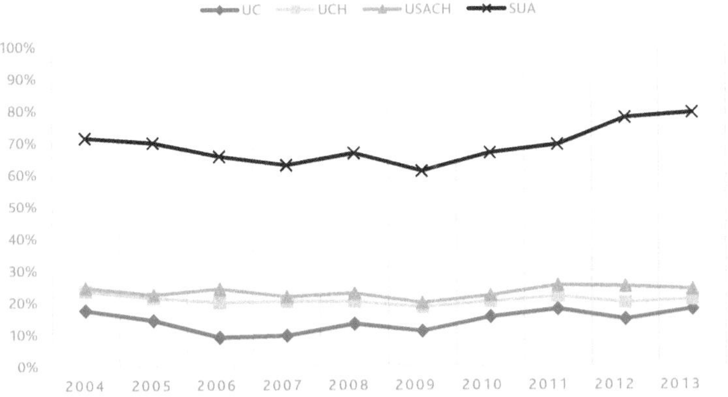

FIGURA 8.

RAZÓN ADMITIDOS SOBRE POSTULANTES (TASAS DE ADMISIÓN) EN CUALQUIER PREFERENCIA PROVENIENTES DE HOGARES CON INGRESOS FAMILIARES MENORES A $834.000

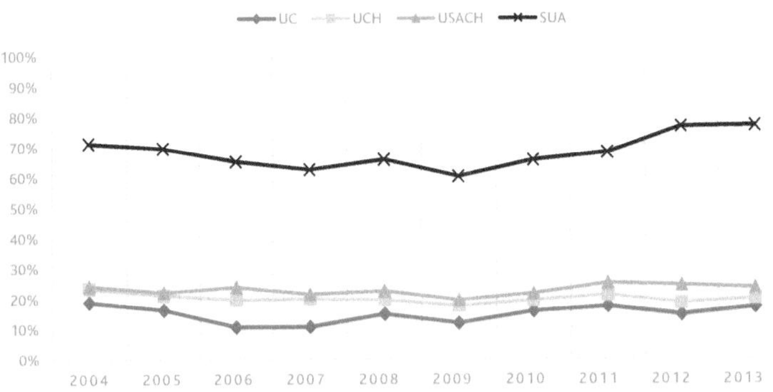

FIGURA 9.

RAZÓN ADMITIDOS SOBRE POSTULANTES (TASAS DE ADMISIÓN) EN CUALQUIER PREFERENCIA CON MADRES SIN EDUCACIÓN UNIVERSITARIA COMPLETA

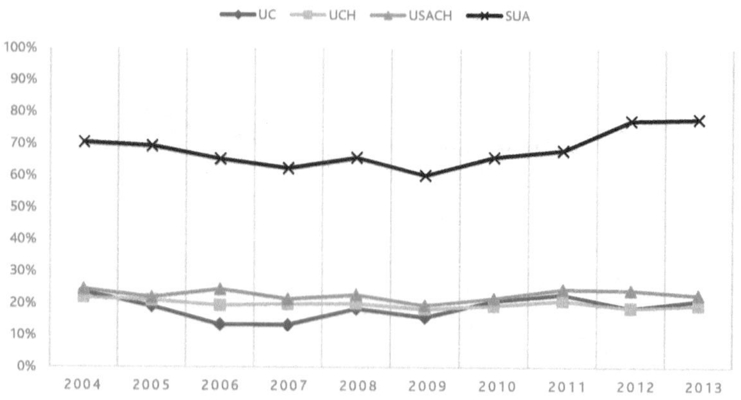

Asimismo, se observa que existen diferencias entre las tres instituciones en cuanto al porcentaje de jóvenes de menor nivel socioeconómico que postulan y son seleccionados a cada una de ellas, siendo la USACH la universidad con mayor presencia de estos grupos y la más parecida al comportamiento del SUA en general. Por otra parte, la UC es la universidad con porcentajes más bajos de jóvenes de menor nivel socioeconómico, tanto en su grupo de postulantes como de seleccionados, mientras que la Universidad de Chile se mantiene en una posición intermedia entre estos dos polos. Pese a estas diferencias, las tras universidades comparten su alta selectividad en términos de la proporción de jóvenes de bajo nivel socioeconómico que postulan y son seleccionados en ellas.

6. CONCLUSIÓN

En este capítulo se ha descrito la composición del alumnado que se ha matriculado en la educación superior durante los últimos diez años en Chile usando cifras oficiales y de estudios realizados por investigadores en el área. Las estadísticas muestran un aumento importante en el número de alumnos; si bien la participación de los alumnos de todos los quintiles de ingresos ha aumentado, siguen existiendo diferencias importantes en la proporción de alumnos de cada quintil que accede a la educación superior en general y a la universidad, en particular.

Las tendencias analizadas en este capítulo se han construido sobre un sistema en el que a partir de 1981 conviven instituciones privadas y públicas, y en el cual se han invertido importantes montos del gasto público en la forma de ayudas estudiantiles. Entre 2004 y 2015 esas ayudas se entregaron principalmente a través de becas y créditos que, en general, cubrían como máximo el arancel de referencia y con condiciones que favorecían, en términos relativos, a alumnos que asisten a universidades miembros del CRUCH. A partir de 2016, el gasto en financiamiento estudiantil incluye también el ítem de "Gratuidad" que durante 2018 financiará a alumnos hasta el sexto decil de ingresos (inclusive) que estudien en instituciones (universidades, IP y CFT) que cumplan con los requisitos de acreditación y no lucro establecidos.

La composición del alumnado, especialmente de aquel matriculado en universidades, está definido también por los criterios de selección que hasta 2012 establecían de manera coordinada las universidades del CRUCH. A partir de 2013, los criterios y el proceso de admisión pasa a manos del SUA y se incorporan universidades privadas. Si bien las decisiones de admisión universitaria entre 1970 y 2010 se basaron principalmente en el puntaje obtenido por los postulantes en la batería de pruebas estandarizadas de admisión, recientemente se han tomado medidas para aumentar la equidad en el acceso. Estos esfuerzos incluyen iniciativas a nivel del SUA (adopción del ranking de educación media como criterio de admisión en 2013) e iniciativas institucionales como las que se describen en profundidad en los capítulos 5, 6 y 7.

El sistema de admisión a la universidad incide tanto en la postulación como en la selección de alumnos al sistema universitario. El análisis presentado en este capítulo muestra que si bien se ha experimentado cierta baja en la proporción de postulantes de menores ingresos a nivel sistema, la tasa de admitidos (razón admitidos sobre postulantes) de este grupo por el conjunto de instituciones del Sistema Único de Admisión aumentó en el período 2004-2013.

A diferencia de lo observado en el SUA, sin embargo, las tasas de admisión de los alumnos de menores ingresos en estas casas de estudios se mantienen constantes en el período 2004-2013, con cierta tendencia a disminuir especialmente alrededor de los años en que se inician los programas bajo estudio. Dicha tasa se mantuvo en torno al 20% en las tres instituciones durante el período estudiado. Es en este escenario, de relativa disonancia entre la admisión de alumnos de menores ingresos en las tres instituciones estudiadas y el resto del sistema, en el que nacen las tres iniciativas institucionales analizadas en este libro.

El capítulo 3 está enfocado en situar las iniciativas institucionales que se analizan en este libro en un contexto más amplio. En particular, se revisa la situación de estas iniciativas institucionales en Estados Unidos, de modo de extraer algunos puntos de comparación con las iniciativas nacionales, tanto en relación a sus objetivos como a los procedimientos mediante los cuales dichos objetivos esperan ser logrados.

CAPÍTULO 3

PROGRAMAS DE ACCESO EQUITATIVO A LA EDUCACIÓN SUPERIOR: EL CASO DE ESTADOS UNIDOS

Al considerar los esfuerzos institucionales en curso en Chile para mejorar las oportunidades de acceso y éxito de los estudiantes tradicionalmente sub-representados, es útil situarlos en un contexto más amplio. La experiencia comparada con iniciativas similares implementadas en Estados Unidos permite comprender mejor el origen y el alcance de los programas que se describirán en los capítulos 5, 6 y 7. Dichas experiencias han sido implementadas tanto a nivel nacional, como estatal e institucional.

La experiencia de Estados Unidos ofrece una perspectiva especialmente relevante ya que la historia contemporánea ha llevado a ese país a considerar el acceso a la educación superior como una prioridad. Además, varios de los esfuerzos específicos implementados en Chile -por ejemplo, el uso del ranking de educación media en admisión- se han diseñado considerando las experiencias y literatura sobre los efectos de la diversidad en el clima de la institución y en el desarrollo de habilidades que se han documentado en Estados Unidos en esta área. Es importante considerar, sin embargo, que por "diversidad" la investigación en el país del norte se ha referido principalmente a la integración racial.

Este capítulo se inicia entregando un resumen de los hallazgos de la literatura estadounidense en relación a los beneficios asociados a una mayor diversidad en el aula, para luego describir antecedentes legales asociados a la diversidad. Finalmente, se presentan experiencias de políticas y programas implementados a nivel estatal e institucional que han intentado promover la diversidad en la educación superior norteamericana.

1. LITERATURA SOBRE LOS BENEFICIOS DE LA DIVERSIDAD EN LA EDUCACIÓN SUPERIOR

Un cuerpo substancial de la investigación empírica desarrollada durante las dos últimas décadas se ha centrado en profundizar la comprensión de los beneficios de un cuerpo estudiantil diverso. La síntesis de la literatura que se presenta en esta sección se basa en el *Amicus Curiae* entregado por la Asociación Americana de Investigación Educacional a la Universidad de Texas. En ella se identifican cuatro áreas críticas en las que se observarían efectos positivos provenientes de un alumnado más diverso e inclusivo. En primer lugar, la diversidad del cuerpo estudiantil fomentaría la mayor comprensión inter-racial y reduciría el prejuicio entre grupos (e.g., Pettigrew & Tropp, 2006). Más específicamente, se ha observado que el compromiso institucional con la diversidad puede jugar un papel importante en el desarrollo estudiantil (Hurtado, 2003; Milem, 2003; Milem & Hakuta, 2000). Mayor diversidad en el cuerpo estudiantil conduciría a beneficios educacionales tales como la mejora de las habilidades cognitivas, el pensamiento crítico y la confianza en sí mismo (Hurtado, 2005). Además, promovería la participación cívica y las habilidades necesarias para el desarrollo profesional y de liderazgo (Hurtado, 2005). Por último, la diversidad en el cuerpo estudiantil conllevaría a un mejor ambiente en la sala de clases (Deo, 2012). A continuación se entregan mayores antecedentes sobre algunos de estos estudios.

El meta-análisis de Pettigrew y Tropp (2006) analizó más de 500 estudios de una variedad de contextos educativos, laborales e informales, incluyendo campus universitarios, y llegó a la conclusión general de que el contacto intergrupal positivo reduce el prejuicio y que el mayor contacto intergrupal se asocia con menores niveles de prejuicio. Cuando los estudiantes se sienten importantes y tienen un buen "ajuste" entre ellos y su entorno, su satisfacción y retención aumentan (Chickering y Reisser, 1993). Los estudiantes que sienten que su institución espera que tengan éxito tienen más probabilidades de permanecer en la escuela y tener éxito a lo largo de su carrera universitaria (Tinto, 2000). En consecuencia, las instituciones pueden influir considerablemente en la experiencia universitaria de los alumnos si transmiten un compromiso con los estudiantes (Pascarella & Terenzini, 1991). Desde una perspectiva institucional, el contexto, las metas y el compromiso de los líderes de la universidad con la diversidad, también son componentes importantes de la dimensión psicológica del clima en el campus (Hill, 2003). Si bien el compromiso real de los estudiantes con la diversidad conduce a beneficios más de tipo educacional, la investigación también sugiere que el compromiso institucional con la diversidad puede tener un papel significativo en el desarrollo de los estudiantes (Hurtado, 2003; Milem & Hakuta, 2000).

Los beneficios educacionales son el foco del estudio longitudinal reportado por Hurtado (2005), en el que analizó información de más de 4.400 estudiantes en nueve universidades públicas y concluyó que la interacción de los estudiantes con diversos compañeros contribuyó de manera positiva a la dimensión académica de los estudiantes durante el segundo año de universidad. Entre los efectos positivos hubo mejoras en las habilidades de resolución de problemas analíticos y habilidades de pensamiento complejas, conciencia cultural y liderazgo, y sensibilidades democráticas (por ejemplo, orientación pluralista y la importancia de la contribución cívica). Por su parte, el estudio de caso etnográfico de Deo (2012), encontró que entre los estudiantes de Derecho, el aumento de la diversidad condujo a un mejor aprendizaje a través de la presentación de nuevos puntos de vista y perspectivas. En resumen, las ciencias sociales han entregado evidencia variada y convincente respecto de los beneficios de un cuerpo estudiantil diverso en las instituciones de educación superior.

2. ANTECEDENTES DEL CONTEXTO LEGAL NORTEAMERICANO

Las iniciativas chilenas que se revisarán más adelante en este libro se enmarcan en el contexto de esfuerzos internacionales más amplios que apuntan a objetivos similares. En Estados Unidos, particularmente, durante más de cuatro décadas se ha trabajado por mejorar el acceso y, en última instancia, el éxito en la universidad. Si bien recientemente se ha prestado mayor atención a los estudiantes de escasos recursos, gran parte de las iniciativas implementadas hasta ahora se han centrado en incrementar la representación de minorías raciales y étnicas tradicionalmente sub-representadas en el sistema de educación terciario. Dichas iniciativas han sido implementadas como resultado de una legislación que se ha pronunciado especialmente sobre la consideración explícita de características sociodemográficas en la toma de decisiones, ya sea a nivel institucional, federal o estatal. En el modelo presentado en el capítulo 1 (Perna, 2006a), mediante distintas capas de influencia, el rol de los estados federales y del Estado nacional pesa fuertemente sobre las decisiones individuales de los alumnos y condiciona también las decisiones de las instituciones de educación superior. En Estados Unidos, aunque los criterios de admisión se deciden en gran medida a nivel institucional, tanto el sistema legal federal como el sistema legal estatal desempeñan un papel fundamental en la forma en la que se entiende equidad en el acceso a la universidad. A continuación se describen los hitos más importantes de la historia de la legislación nacional y estatal relativa la consideración de raza en decisiones y resultados educacionales en la educación superior.

2.1 Legislación Nacional Estadounidense sobre acceso a la Educación Superior

La Enmienda 14 de la Constitución de Estados Unidos da igual protección a todos los ciudadanos. Además, otras leyes federales prohíben la discriminación sobre la base de lo que se conoce como "clases protegidas" (incluyendo raza, color, religión, origen nacional, edad, sexo, etc.). Es así como la discusión sobre la consideración de la raza en el proceso de admisión a la universidad ha estado definida por las decisiones legales tomadas en demandas legales o casos emblemáticos. En el caso de *Missouri ex rel. Gaines v. Canada* sobre el que se pronunció la Corte Suprema de los Estados Unidos en 1938, esta declaró como ilegal la prohibición que existía sobre los estudiantes negros de asistir a la Escuela de Leyes de Missouri. La decisión de la Corte Suprema de 1950, en el caso de *Sweatt v. Painter*, fue más allá y dictaminó que Texas no podría cumplir con la cláusula de igualdad ante la ley mediante la creación de una Escuela de Derecho exclusivamente para estudiantes negros.

En 1974 se produjo la primera impugnación judicial al uso de la acción afirmativa (a favor de clases protegidas) en la admisión a la educación superior (*Defunis v. Odegaard*). En el caso de los *Regentes de la Universidad de California v. Bakke*, el Tribunal Supremo (1978) dictaminó que la raza podría ser considerada en la admisión como un "factor positivo", pero que las cuotas raciales eran ilegales. Es importante destacar que el juez Powell estableció en su veredicto que existían beneficios al tener un cuerpo estudiantil diverso y que dichos beneficios eran de interés gubernamental. Su voto y opinión fue fundamental para la decisión final. En 2003, un par de casos -*Gratz v. Bollinger y la Universidad de Michigan y Grutter v. Bollinger y la Universidad de Michigan*- fueron ante la Corte Suprema. Mientras que el enfoque de acción afirmativa directa discutido en el primer caso fue encontrado inconstitucional, la política de admisión holística de la Escuela de Derecho de la Universidad de Michigan (desafiado en Grutter) se consideró constitucional. Más recientemente, en dos casos que cuestionan la política de admisión de la Universidad de Texas (*Fisher I en 2013 y Fisher II v. La Universidad de Texas en Austin en 2016*) la Corte Suprema apoyó a la Universidad y su uso de una política de admisión que considera el grupo étnico como un antecedente más del postulante.

2.2 Legislación Estatal Estadounidense sobre acceso a la Educación Superior

Es importante destacar que la legislación estatal y las regulaciones aprobadas por medio de votaciones vinculantes también han tenido, en algunos casos, una influencia sustancial en las prácticas de admisión universitaria en Estados Unidos. Por ejemplo, California (1996), Washington (1998), Michigan (2006) y Nebraska (2008) han aprobado iniciativas estatales que impiden la consideración de la raza en el proceso de admisión de pregrado a las universidades públicas. Del mismo modo, las restricciones en la contratación a nivel estatal y las oportunidades de becas dirigidas a estudiantes tradicionalmente sub-representados en estados como California y Texas también han tenido efectos importantes en la consideración explícita que se podría hacer en decisiones de asignación de beneficios estudiantiles, que en Estados Unidos incluyen también el trabajo administrativo y de biblioteca de tiempo parcial en campus universitarios. En suma, entonces, como sugiere el modelo conceptual de Perna (2006a) presentado en el capítulo 1 de este libro, mientras que las instituciones mantienen la autoridad para tomar decisiones finales, puede ser en un contexto donde esa elección es limitada, y en algunos casos más simbólica que sustantiva.

3. POLÍTICAS Y PROGRAMAS DE ACCESO EQUITATIVO EN LOS ESTADOS UNIDOS

Los criterios de admisión considerados por instituciones de educación superior en Estados Unidos varían enormemente, aunque en general han incluido, en diversos grados, factores académicos y no académicos (Horn y Marin, 2016). Las notas (o calificaciones) escolares han sido tradicionalmente consideradas entre los factores académicos junto al ranking de egreso de la educación secundaria, los puntajes en pruebas estandarizadas y los ensayos de postulación. Entre los factores no académicos, las universidades consideran las entrevistas, las actividades extracurriculares, la raza o etnia, entre otras. En las últimas décadas se ha prestado cada vez más atención a las consecuencias no deseadas que algunas de estas prácticas de admisión pueden tener sobre la diversidad del alumnado admitido (Zwick, 2017). Como resultado de ello, han surgido varias estrategias de admisión "alternativas" a nivel de estado, a nivel de sistema de educación superior y también a nivel de instituciones, las que, según el modelo de Perna (2006b), afectarían el ámbito de decisión de los estudiantes en su tránsito hacia la educación superior a través de las distintas capas de influencia. Si bien hay matices sustanciales en algunos casos, en las secciones que siguen se intenta proveer una panorámica general que captura la esencia de las iniciativas implementadas hasta ahora.

Antes de describir cada una, es importante hacer una observación que es válida para cada una de estas iniciativas: si bien cada una tiene cierto nivel de éxito en la diversificación del cuerpo estudiantil, ninguna de ellas representa una solución completa. Dicho de otro modo, todas las estrategias de admisión tienen limitaciones respecto a su capacidad para lograr los resultados deseados. En el caso de estas estrategias de admisión alternativas, el resultado ha sido una mayor heterogeneidad del alumnado que la que se había logrado a través de mecanismos más tradicionales. Sin embargo, para cada una de estas iniciativas, el éxito total con respecto a un cuerpo estudiantil diverso desde el punto de vista socioeconómico y racial sigue siendo difícil de alcanzar.

3.1 Admisión Automática

Al considerar las distintas políticas de admisión de planes de porcentaje actualmente implementadas en Estados Unidos se debe destacar, en primer lugar, que pese a las similitudes en los objetivos generales que se describen y al uso de una retórica común, los tres planes ofrecen oportunidades sustancialmente distintas de acceso a la educación superior pública en los respectivos estados. En un extremo, Texas ofrece el conjunto de oportunidades menos restrictivo, donde los estudiantes en el 10% superior de notas de su clase en la enseñanza secundaria tienen garantizado el ingreso a cualquier universidad pública en el estado, maximizando la capacidad de los beneficiarios del plan de porcentaje de elegir dónde asistir a la universidad. En dos de las instituciones de educación superior de Texas se ha creado además ayuda financiera específica para complementar las admisiones automáticas en el caso de estudiantes que necesiten ayuda. California, en cambio, ofrece beneficios mucho más discretos para los estudiantes elegibles para la admisión automática. Se garantiza una vacante universitaria para los estudiantes que se gradúan en el 4 por ciento superior de sus clases de la educación secundaria, pero son las instituciones las que deciden a qué campus son admitidos los alumnos. Además, los servicios adicionales (por ejemplo, ayuda financiera o duración del programa) directamente asociados con la implementación de la política también varían según el campus. Al igual que California en el diseño, pero con un alcance más amplio, el programa "Talented 20" del Estado de Florida garantiza la admisión en una de las doce universidades estatales para los estudiantes con rendimiento académico en el 20% superior de la clase en la que se gradúan de la educación secundaria. Aunque no son necesariamente admitidos a la institución de elección, a los estudiantes elegibles se les da prioridad en financiamiento estatal que se entrega a partir de las necesidades de los alumnos y sus familias.

3.1.1 Admisiones Automáticas en Profundidad: el Caso de la Universidad de Texas en Austin

En respuesta a la implementación de la admisión automática en las universidades públicas de Texas, la Universidad de Texas en Austin (UT) tomó medidas proactivas para aprovechar la ley en beneficio propio. Por ejemplo, Larry Faulkner, Presidente de la UT en el momento en que se implementó la admisión automática, viajó prontamente por el Estado visitando las escuelas secundarias cuyos alumnos no estaban postulando a la universidad. Su mensaje era claro: la UT quería que los mejores estudiantes de todas las escuelas secundarias postularan a la Universidad. La Universidad también implementó servicios complementarios específicos y becas conectadas al programa de admisión automática como un mecanismo adicional para reclutar y retener a estudiantes elegibles.

La evidencia empírica sobre el éxito del programa de admisión automática en lograr un cuerpo estudiantil diverso en la UT en Austin, sin embargo, es mixta. Por ejemplo, Horn y Flores (2003) encontraron que la utilidad del programa de admisión automática dependía de los esfuerzos de extensión y apoyo financiero de la UT. Más tarde encontraron (Horn & Flores, 2012) que a pesar de estos esfuerzos, los patrones de matrícula de los estudiantes que califican para la admisión bajo el plan habían sido desiguales entre los grupos raciales. Por ejemplo, el porcentaje de estudiantes blancos elegibles para el plan se han inscrito en las instituciones principales del estado a tasas más altas (60%) que el porcentaje de afroamericanos elegibles para el plan (36%) y los estudiantes latinos (47%). De hecho, en 2005, tras una importante decisión de la Corte Suprema Federal de 2003, la UT enmendó su proceso para incluir una política holística de admisiones y considerar la proporción de postulantes no admitidos por el programa de admisión automática (aproximadamente una cuarta parte del total de estudiantes).

3.2 Admisiones Holísticas

Muchas universidades y sistemas individuales usan variaciones de lo que a menudo se llama procesos de admisión "holísticos". A través de estos procesos, las instituciones identifican y aplican criterios basados en su propia misión para evaluar a sus postulantes. En general, la revisión holística permite una evaluación más individualizada y provee cierta flexibilidad en la ponderación de ciertos atributos y/o experiencias. La Asociación de Colegios Médicos de Estados Unidos resume los principios utilizados en general en admisiones holísticas de la siguiente forma:

- Los criterios de selección son amplios, están claramente relacionados con la misión y las metas de las universidades y promueven la diversidad como un elemento esencial para lograr la excelencia institucional.

- Se busca lograr un equilibrio de experiencias, atributos e indicadores académicos

    › para evaluar a los postulantes, con la intención de crear un grupo diverso de candidatos elegibles o un cuerpo estudiantil diverso,

    › se aplican equitativamente a todo el grupo de postulantes;

    › se basan en información que proporciona evidencia a favor del uso de criterios de selección amplios, más allá de las notas y los resultados en pruebas estandarizadas.

- El personal del área de admisión y los miembros del comité de admisión consideran de manera individualizada la forma en que cada postulante puede contribuir al ambiente de aprendizaje de la escuela de medicina y a la práctica de la medicina, ponderando y equilibrando la gama de criterios necesarios para lograr los resultados deseados por la escuela en un cohorte determinado.

- La raza y la etnicidad pueden ser consideradas como indicadores de admisión solamente cuando tal consideración está estrechamente relacionada con los intereses educacionales de la institución, con su misión y sus metas de diversidad estudiantil y cuando se considera como parte de una mezcla más amplia de factores, incluyendo atributos personales, factores experienciales, datos demográficos y/u otras consideraciones (AAMC, 2017).

3.2.1 Admisiones Holísticas en Profundidad: el Caso de la Universidad de California

Tal vez el caso más conocido de admisión holística es el adoptado por la Junta de Regentes de la Universidad de California en noviembre de 2001 y utilizado por primera vez en el ciclo de admisiones del otoño de 2002. Antes de la implementación de la admisión holística, los campus de la Universidad de California debían seleccionar entre el 50 y el 75 por ciento de sus solicitantes en base a una fórmula que consideraba diez criterios "académicos". La revisión holística amplió los criterios utilizados para incluir: el promedio de notas en todos los cursos especificados por los requisitos de elegibilidad de la Universidad de California; el puntaje obtenido en el SAT I y en los SAT IIs; el número, contenido y desempeño en otras materias académicas más allá de las requeridas; el número y desempeño en cursos avanzados aprobados (advanced placement, international baccalaureate) en la Universidad de California; el ranking de egreso de educación media; la calidad de los cursos estudiados en el último año de educación; la calidad del rendimiento académico en relación con las oportunidades educativas disponibles; el desempeño destacado en una o más áreas académicas específicas; el trabajo destacado en cualquier campo académico; si es que existe una reciente y marcada mejora en el rendimiento académico; talentos especiales, logros y premios en un campo particular; la realización de proyectos especiales en la escuela, comunidad u otros; los logros académicos a la luz de experiencias de vida y circunstancias especiales; y la ubicación geográfica de la escuela secundaria y del lugar de residencia (University of California Board of Admissions and Relations with Schools, 2003). Hallazgos preliminares (University of California Board of Admissions and Relations with Schools , 2003) muestran indicadores similares de calidad académica entre estudiantes admitidos usando el proceso de admisión holística y aquellos admitidos sin dicho proceso, con el beneficio adicional de permitir un aumento en la proporción de estudiantes de bajos ingresos y de contextos rurales entre los alumnos admitidos, así como también una mayor proporción de estudiantes de primera generación en la universidad o provenientes de escuelas que tradicionalmente han exhibido bajo rendimiento académico.

3.3 Admisión Usando Pruebas Estandarizadas Opcionales

Un grupo de instituciones ha optado por una forma más específica de admisiones holísticas, casi sin la consideración del puntaje de pruebas estandarizadas en el proceso de admisión. Tales decisiones intentan reducir la presión que las pruebas de selección y admisión ejercen sobre los postulantes o surgen del interés por alinear de mejor manera las prácticas de admisión con la misión de la universidad. Actualmente, más de 180 universidades han eliminado las pruebas estandarizadas de sus requisitos o han pasado a un modelo de prueba opcional. Sin embargo, este enfoque no está exento de críticas. Zwick (2007), por ejemplo, encontró que mientras algunas universidades más pequeñas logran objetivos de admisión particulares (por ejemplo, mayor diversidad estudiantil) a través de un proceso sin pruebas, es difícil lograr replicar la experiencia en escalas de mayor envergadura.

3.3.1 Pruebas Flexibles en Profundidad: el Caso de la Universidad de Wake Forest

Wake Forest es una universidad privada muy selectiva en Carolina del Norte, con una matrícula total de casi 8.000 estudiantes, que ofreció admisión a solo una cuarta parte de sus postulantes en 2017 (Wake Forest University, 2017). La Universidad describe su misión como una institución donde:

> *"... la docencia de excelencia, la investigación y el descubrimiento son fundamentales, y donde la participación de profesores y estudiantes en el aula y en el laboratorio son primordiales.*
>
> *La Universidad reconoce los beneficios del atletismo intercolegiado conducido con integridad y al más alto nivel.*
>
> *Central para su misión, la Universidad cree en el desarrollo de toda la persona - intelectual, moral, espiritual y física. De su rica herencia religiosa, Wake Forest se ha comprometido a mantener un ambiente en el que las creencias vitales y las tradiciones de fe pueden involucrar el pensamiento secular en un clima de libertad académica y una búsqueda sin trabas de la verdad. La Universidad abarca los desafíos del pluralismo religioso".*

En mayo de 2008, la Universidad de Wake Forest tomó la decisión de no requerir puntajes de exámenes estandarizados en admisiones de pregrado. Se describe su decisión de la siguiente manera: "Lo hicimos porque sabíamos que era lo correcto... Hoy, varios años después de lo que una vez se llamó un *experimento arriesgado* en algunos rincones, sabemos que aquellos que no reportan sus puntuaciones son tan exitosos como los que lo hacen" (Wake Forest University, 2016).

FIGURA 1:
UNIVERSIDAD DE WAKE FOREST

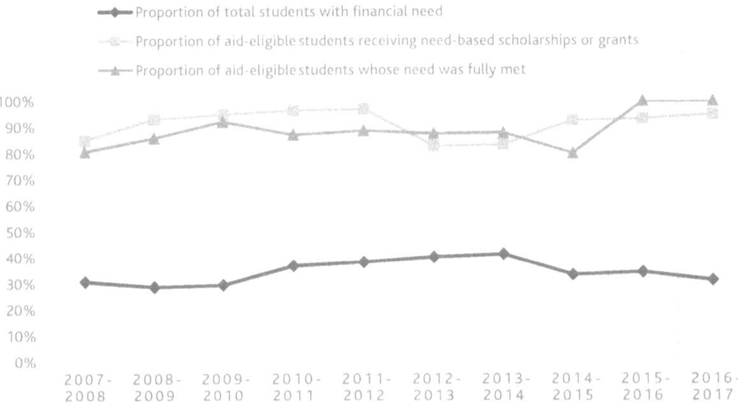

Fuente: Oficina de Análisis Institucional de la Universidad de Wake Forest (2007-2017)

De este esfuerzo surgen dos consideraciones importantes. En primer lugar, la proporción de estudiantes que ingresan a través de políticas de admisión con pruebas estandarizadas opcionales y que tienen necesidades financieras se ha mantenido estable (Figura 1). Este patrón sugiere que, aunque esta estrategia de admisión puede tener influencia de otras maneras, no está teniendo un impacto sustancial en la proporción de estudiantes de bajos ingresos presentes en el cuerpo estudiantil. Aun así, la universidad ha mantenido constante el suministro de apoyo financiero a los estudiantes admitidos que demuestren necesidad económica. Casi el 100% de los estudiantes elegibles obtuvieron financiamiento.

4. CONCLUSIÓN

Las lecciones que emergen de las políticas de admisión en Estados Unidos informan este libro de varias maneras. Los estudios de casos de universidades norteamericanas muestran la importancia de los esfuerzos institucionales individuales para lograr esos objetivos más amplios. Relacionado con esto, enfatizan el hecho de que incluso con iniciativas deliberadas e importante inversiones lograr objetivos claros centrados en la equidad es un reto. Las universidades tienen un papel importante que jugar, pero como se discutió en el capítulo 1, muchos factores fuera de su control también tienen una fuerte influencia en las opciones y resultados de los estudiantes en tránsito a la educación superior, por lo que su éxito no está asegurado. Por último, y quizás lo más importante, las experiencias presentadas en este capítulo subrayan la relación entre los esfuerzos en curso en Chile y el debate más amplio que se da también en otros lugares del mundo.

En ese contexto, el libro presenta en el capítulo 4 una introducción a los esfuerzos institucionales realizados por tres destacadas universidades chilenas durante la última década, orientados a aumentar la representación de estudiantes tradicionalmente marginados de sus instituciones. Además, en el capítulo 4 se presentan los própositos y estrategias de análisis utilizadas en los análisis presentados en los capítulos 5, 6 y 7.

PARTE II:

DESCRIPCIÓN Y ANÁLISIS DE LOS TRES PROGRAMAS INSTITUCIONALES ANALIZADOS EN EL LIBRO

Esta sección presenta la descripción y análisis de los programas implementados por la Universidad de Santiago, la Universidad de Chile y la Universidad Católica de Chile. La sección se inicia con una introducción a las tres iniciativas institucionales, así como también una breve decripción de la estrategia de análisis (capítulo 4). A continuación se presenta la evaluación realizada para el programa Propedéutico de la Universidad de Santiago de Chile (capítulo 5), el programa SIPEE de la Universidad de Chile (capítulo 6) y Talento e Inclusión de la Pontificia Universidad Católica de Chile (capítulo 7). La evaluación considera la teoría de programa de cada una de las iniciativas y algunos de sus resultados observados.

INTRODUCCIÓN A LOS PROGRAMAS INSTITUCIONALES ANALIZADOS EN ESTE LIBRO Y CARACTERÍSTICAS DEL ANÁLISIS DESARROLLADO

Sobre la base del modelo de Perna (2006a), discutido en el capítulo 1, se ha establecido la influencia de las iniciativas, intervenciones y cultura de las instituciones de educación superior en el acceso y éxito de los estudiantes en la educación terciaria. Este capítulo se centra en el nivel institucional para introducir tres iniciativas de reciente implementación en universidades selectivas. La primera sección del capítulo aborda las razones que motivan el diseño e implementación de programas institucionales de acceso equitativo en instituciones de educación superior desde la teoría, describiendo brevemente los tres programas y antecedentes de la investigación realizada en Chile sobre ellos. La segunda sección expone las características de la evaluación mediante "teoría de programa". En la tercera y cuarta sección se presentan los objetivos del análisis desarrollado en los capítulos 5, 6 y 7, así como la estrategia empírica implementada para abordar dichos objetivos.

1. PROGRAMAS DE ACCESO EQUITATIVO EN CHILE

Durante más de tres décadas, los esfuerzos a nivel nacional, institucional y de sistemas han buscado aumentar la equidad en el acceso a la educación superior en Chile, principalmente a través de cambios en los sistemas de ayuda financiera y de admisión, revisados en el capítulo 2. Dichas iniciativas incluyen la provisión privada de educación terciaria a partir de 1980, la creciente importancia de la ayuda financiera institucional y gubernamental, las modificaciones del sistema de admisión centralizado para reducir el importante peso que tradicionalmente han tenido los puntajes en pruebas estandarizadas en la selección de postulantes, y los programas implementados a nivel institucional para aumentar la admisión de estudiantes de bajos ingresos a instituciones selectivas, que son el foco de este libro.

Los criterios de selección para la educación superior son habitualmente definidos, entre otros factores, por la capacidad predictiva que tienen del rendimiento académico futuro de los estudiantes en la educación superior. De esta forma, se busca seleccionar a aquellos candidatos que podrían enfrentar de mejor manera los desafíos académicos de la vida universitaria. Esta ha sido una de las justificaciones para el uso de pruebas estandarizadas de selección (Prueba de Selección Universitaria o PSU en Chile). Sin embargo, los críticos de dichas pruebas advierten la importante brecha socioeconómica que existe en sus resultados: los jóvenes de nivel socioeconómico alto obtienen puntajes considerablemente superiores a sus pares de menor nivel socioeconómico (Zwick 2012; Pearson, 2013). Las brechas en puntaje asociadas a nivel socioeconómico redundan en que sistemas de admisión en los que se considera el desempeño en pruebas estandarizadas como indicador predominante ven disminuida la diversidad del cuerpo estudiantil (Alon, 2009) y, en particular para el caso chileno, una menor presencia de estudiantes de bajo nivel socioeconómico.

La constatación de los beneficios de la diversidad en el cuerpo estudiantil, que se describen en mayor profundidad en el capítulo 3, junto a las importantes brechas observadas en el desempeño en pruebas estandarizas de admisión, han movilizado el interés por usar criterios de admisión que, sin sacrificar calidad académica, ostenten una menor brecha socioeconómica. Es así como en Chile, en los últimos diez años, se han implementado programas de admisión especial a nivel institucional que usan criterios alternativos de admisión para abrir las puertas a estudiantes talentosos académicamente provenientes de entornos desaventajados, que no lograron ingresar a las instituciones mediante la admisión regular. Estos programas, a diferencia de la vía regular, consideran el contexto socioeconómico del estudiante entre sus requisitos, y la mayoría de ellos incluye, como criterio académico, el desempeño relativo del estudiante durante sus estudios secundarios (ranking de notas de enseñanza media).

La consideración del desempeño académico en la enseñanza media como criterio de admisión a la educación superior tiene una larga data en Chile, especialmente a nivel institucional. En el periodo

1992–2004, **la Universidad de Santiago de Chile (USACH) bonificó el puntaje ponderado de postulación de los estudiantes en el 15% superior de desempeño académico**, egresados de establecimientos de todos los tipos de dependencia (Gil, Paredes & Sánchez, 2013), con el objetivo de reconocer otras formas de medición del talento académico. Esta iniciativa benefició a cerca de 15.000 estudiantes (Blok, 2016), la mayoría provenientes de colegios municipales y subvencionados, dos tercios de los cuales no habrían ingresado a la institución de no haber sido por la bonificación. Orellana, Moreno y Gil (2016) reportan que la tasa de persistencia de los alumnos bonificados fue superior a la tasa de persistencia que sus pares no top 15%.

Asimismo, desde 2006 se crearon los cupos supernumerarios en el sistema de admisión centralizado, enfocados en estudiantes del 7% superior de rendimiento académico de sus respectivos establecimientos, provenientes de los cuatro primeros quintiles de ingreso familiar y que hubiesen egresado de establecimientos municipales, subvencionados o de administración delegada. Esta política estuvo inspirada en la experiencia de la bonificación de la Universidad de Santiago. La Beca de Excelencia Académica (BEA), por su parte, entrega cobertura de arancel a estudiantes de los cuatro primeros quintiles de ingreso y del 7% superior de rendimiento académico. Un estudio realizado por el Comité Técnico de la PSU (Bravo et al., 2010) encontró que, en términos generales, quienes obtienen esta beca tienen promedios de notas de primer año que son un 20% de una desviación estándar más altos que los de pares similares sin el beneficio. Aun al comparar con pares con mayor nivel socioeconómico, la diferencia a favor de los alumnos con la BEA se mantuvo.

A partir de 2015, con posterioridad al inicio de los programas que se analizan en este libro, se implementa la admisión a las universidades por medio del Programa de Acompañamiento y Acceso Efectivo a la Educación Superior (PACE) a nivel nacional. El PACE se inspira en la experiencia de la Universidad de Santiago y en la implementación del Propedéutico que ha venido realizando desde 2007. El PACE garantiza cupos en la educación superior a los estudiantes que presenten rendimiento académico dentro del 15% superior de su cohorte de egreso de educación secundaria y hayan cursado un programa de fortalecimiento en sus establecimientos durante 3° y 4° medio (Villalobos, Treviño, Wyman & Scheele, 2017). El PACE inició su fase piloto en 2014 con 5 universidades de distintos lugares de Chile. Los equipos universitarios apoyaron la labor de un grupo de establecimientos, específicamente con estudiantes de 3° medio, en las áreas de orientación vocacional y preparación académica. Cada institución de educación superior tiene libertad para diseñar e implementar el apoyo que ofrecerá a los alumnos secundarios y/o a la labor del establecimiento.

Los estudios de diseño e implementación realizados por Castro, Frites y Vargas (2016) y del PNUD en conjunto con el Ministerio de Educación (2015), hacen especial hincapié en las lecciones obtenidas a partir del primer año de funcionamiento.

De acuerdo al estudio realizado por el SUA (2017) en el proceso de admisión PACE 2017 participaron 29 instituciones de educación superior (IES) y se ofrecieron un total de 7.726 vacantes. Si bien 23.913 estudiantes del programa participaron del proceso de admisión 2017, solo 17.089 rindieron las pruebas de admisión (PSU) y 3.865 cumplieron con todos los requisitos que los habilitaban para postular. De estos, un 87% realizó al menos una postulación efectiva por la vía regular o de acceso a vacantes PACE y 77% de las postulaciones por vía regular se concentraron en universidades de regiones, mostrando además un interés especial por las carreras del área de la salud. El informe del SUA indica, además, que ninguna universidad logró matricular estudiantes para el total de vacantes ofrecidas. Más de la mitad de la universidades matriculó a menos del 50% de sus vacantes y las universidades con mayores tasas de uso de sus vacantes fueron la Universidad de Valparaíso (73%), la Universidad de La Serena (66%), la Universidad de Santiago de Chile (65%), la Pontificia Universidad Católica de Chile (63%) y la Universidad de Chile (61%).

Hasta el momento no se conocen estudios sobre el rendimiento académico y la experiencia en la educación terciaria de los alumnos PACE. La diversidad de metodologías utilizadas en cada institución para diseñar e implementar el programa dificulta enormemente la realización de una evaluación que permita unificar legítimamente, bajo el paragua de PACE, lo que en la práctica es un conjunto variado de iniciativas institucionales.

1.1 Introducción a los Programas Institucionales Analizados en el Libro

Como se indicó anteriormente, durante los últimos diez años, en Chile se han implementado programas de admisión especial a nivel institucional tendientes a aumentar la equidad universitaria. El **Propedéutico "Nueva esperanza, mejor futuro" de la Universidad de Santiago** (USACH) se desarrolla desde 2007 (admisión 2008) y ha sido replicado en varias universidades del país, tanto tradicionales como privadas[22]. El programa Propedéutico es una vía de admisión alternativa a la USACH, que convoca a los estudiantes de cuarto medio que estén en el 10% superior del ranking de su curso y que pertenezcan a un grupo de colegios vulnerables en alianza con dicha universidad. Durante el segundo semestre de cuarto medio, los jóvenes convocados tienen clases de matemática, lenguaje y gestión personal en dependencias de la USACH. Al finalizar la etapa Propedéutica, se convoca a los estudiantes que estén en el 5% de mejor rendimiento al programa de Bachillerato de esta casa de estudios, independientemente de su puntaje PSU, ofreciéndose alrededor de 50 cupos. Una vez finalizado el programa de Bachillerato y de acuerdo a su rendimiento académico, los jóvenes tienen la opción de ingresar a su carrera de preferencia dentro de la USACH.

---

[22] Durante 2017 participaban de esta iniciativa las siguientes universidades: Universidad de Santiago de Chile, Universidad Católica Silva Henríquez, Universidad Alberto Hurtado, Universidad Metropolitana de Ciencias de Educación, Universidad Tecnológica Metropolitana, Universidad Católica del Norte, Universidad de Tarapacá, Universidad Católica de Temuco, Universidad de Antofagasta, Universidad de Los Lagos (sede Puerto Montt y Osorno), Universidad Austral de Chile, Universidad de Viña del Mar, Universidad Católica de la Santísima Concepción, Universidad Técnica Federico Santa María, Universidad de Valparaíso, Universidad de Magallanes, Universidad de Concepción, Universidad de Playa Ancha (Figueroa y González, 2016; http://www.ulagos.cl/index.php?pg=noticia&id=3090, http://pro.udec.cl/, http://www.upla.cl/noticias/2016/05/05/upla-participa-en-primera-reunion-de-red-unesco-de-propedeuticos/).

El programa **Talento e Inclusión de la Universidad Católica** (Talento+Inclusión UC o T+I) comenzó en 2011 y se desarrolló originalmente en la carrera de Ingeniería, sumándose en 2012 la Facultad de Derecho y otras cuatro carreras durante 2013[23]. En 2017 permitió el acceso a más de 45 carreras de la UC. El programa T+I es una vía de admisión especial que ofrece cupos adicionales a estudiantes provenientes de colegios municipales y particulares subvencionados que, habiendo mostrado un buen desempeño académico durante sus estudios secundarios, no alcanzan los puntajes PSU necesarios para ingresar a dicha Universidad.

El **Sistema de Ingreso Prioritario de Equidad Educativa de la Universidad de Chile** (SIPEE) es una iniciativa institucional desarrollada a nivel de universidad desde 2012. Está basado en el Cupo de Equidad de la carrera de Psicología de la Facultad de Ciencias Sociales implementado en 2010, que luego se extendió en 2011 a Sociología y Antropología. El programa institucional SIPEE se inició en diez carreras y en 2013 ya eran parte del sistema de ingreso prioritario 40 carreras de la universidad. En 2017 SIPEE ofreció más de 450 vacantes. Este programa de admisión ofrece cupos especiales que se entregan a partir del ordenamiento de estudiantes según una serie de criterios, incluyendo la vulnerabilidad del establecimiento de egreso, a través del Índice de Vulnerabilidad Escolar o IVE, el nivel de ingresos de la familia y el desempeño del estudiante en la educación media. A partir de este ordenamiento, son admitidos los primeros estudiantes que logran los puntajes mínimos exigidos por esta universidad para las diferentes carreras.

A continuación se presenta un breve resumen de los principales hallazgos de la literatura internacional y nacional relativa a estos programas de admisión universitaria.

1.2 ¿Qué nos dicen los estudios anteriores sobre los programas institucionales analizados en este libro?

Los estudios realizados hasta ahora muestran un panorama mixto en términos de resultados académicos de los alumnos beneficiados por

---

[23] Arquitectura, Diseño, Ingeniería Comercial y Psicología.

los tres programas institucionales que serán revisados en los capítulos 4, 5 y 6 en mayor profundidad (Koljatic & Silva, 2012; Talento e Inclusión, 2012; Castro, Antivilo, Aranda, Castro, Lizama, Williams & De Torres, 2012; Devés, Castro, Mora & Roco, 2012; Treviño, Scheele & Flores, 2014). No se conocen estudios comprensivos y transversales que analicen los cambios en la composición del alumnado que postula y es admitido a estas casas de estudios. Además, hasta ahora ninguno de estos estudios ha considerado una perspectiva de evaluación a partir de su teoría de programa.

Koljatic & Silva (2012) reportan menores notas de primer año y mayores tasas de deserción de primer y segundo año para alumnos del **Propedéutico USACH**. Las diferencias en notas, sin embargo, desaparecerían al segundo año y las tasas de graduación se igualarían si se considera un año de plazo adicional. Un estudio más reciente del mismo programa (Treviño, Scheele & Flores, 2014) evidencia que, al final de la enseñanza secundaria, los estudiantes del Propedéutico mostraban un menor logro que sus pares que ingresaron a la USACH por admisión regular, diferencia que aumenta en el primer año universidad, aunque se observa que todos los estudiantes del programa pudieron cumplir con los requerimientos de promoción de la institución. Gil y Bachs (2008) reportan que del total de alumnos de la generación de ingreso 2008 admitidos a través del sistema Propedéutico, el 80% cumplía, al término del primer semestre, con el mínimo de asignaturas que les permitía pasar al segundo año de Bachillerato. Scheele, Treviño, Flores y Honey (2014) analizaron persistencia y notas usando las cohortes 2008 a 2013, a partir de una muestra emparejada usando *propensity score matching* y las variables de nivel educativo de la madre, dependencia del establecimiento de enseñanza media, PSU de Lenguaje y Matemática, sexo y si el estudiante era beneficiario de FONASA. El estudio encontró diferencias en las tasas de persistencia en contra del grupo de estudiantes intervenidos (alrededor de 6 puntos porcentuales menos) observadas en los primeros semestres del programa, pero igualándose en 48% al final del cuarto semestre. Las notas también fueron más bajas para los estudiantes provenientes del Propedéutico (entre 0,5 y un punto de diferencia). El Propedéutico USACH es analizado en profundidad en el capítulo 5 de este libro.

En relación al **SIPEE** y su predecesor, Cupo de Equidad, Castro et al. (2012) mostraron que los estudiantes ingresados a través de la admisión regular a Psicología en la Universidad de Chile obtuvieron un rendimiento académico superior que quienes participaban del programa de inclusión: 3 décimas más en el primer semestre de estudios y 6 más en el segundo semestre[24]. Por su parte, un estudio del Departamento de Pregrado de la Universidad de Chile presenta información sobre notas y aprobación de asignaturas para aquellas carreras donde se implementó el programa, entre 2012 y 2014. Los resultados muestran en general un rendimiento levemente superior en el grupo de estudiantes que ingresaron vía PSU, pero existiendo diferencias según carrera, cohorte y período de seguimiento (Departamento de Pregrado de la Universidad de Chile, 2014). El SIPEE es analizado en profundidad en el capítulo 6 de este libro.

Respecto al programa **Talento e Inclusión**, un estudio del 2012 muestra que los alumnos del programa, que entraron hasta con 60 puntos PSU de diferencia con respecto al puntaje de corte de la admisión regular, tienen un promedio de notas similar a los últimos 200 estudiantes admitidos vía admisión ordinaria (Talento e Inclusión, 2012). De la misma forma, un estudio de la generación 2013 de Talento e Inclusión muestra diferencias a favor de los estudiantes que ingresaron mediante vía regular en comparación con aquellos que ingresaron a través del programa. El grupo de estudiantes de menor desempeño PSU dentro de los que ingresaron vía admisión ordinaria (10% inferior) resulta más similar al de los estudiantes Talento e Inclusión bajo el puntaje de corte en relación a las notas; las diferencias dejan de ser estadísticamente significativas en el segundo semestre. Además, se reporta una deserción de apenas 3 estudiantes (de 51) en los estudiantes Talento e Inclusión de la cohorte 2013 (Talento e Inclusión, 2014). En la misma línea, Cifuentes, Bennet y del Río (2012) reportan diferencias que no son estadísticamente significativas entre

---

[24] En este caso, la exigencia de puntaje para los alumnos del Programa es de casi 100 puntos menos que el último matriculado por admisión regular en la carrera.

los estudiantes Talento e Inclusión de la cohorte 2011 y sus pares que ingresaron mediante admisión ordinaria, mostrando los estudiantes de Talento e Inclusión que estuvieron sobre el puntaje de corte de la carrera[25] un mejor desempeño que sus compañeros bajo el puntaje de corte, y mayor incluso que sus pares de admisión ordinaria. Cabe destacar que sí se observan diferencias estadísticamente significativas a favor de los estudiantes de admisión ordinaria, en comparación con aquellos estudiantes del Programa Talento e Inclusión bajo el puntaje de corte, al considerar el promedio en los ramos Físicos y Matemáticos. El estudio de Gallardo, Lorca, Morrás y Vergara (2014) explora la experiencia de transición desde la educación secundaria a la educación universitaria desde el punto de vista de los alumnos que han sido admitidos a la UC a través del programa T+I. Los autores identifican cuatro períodos distintivos vividos durante el período de transición: selección desde la institución, período de inducción, período de extrañeza y tensión identitaria, período de evaluación y continuidad. Estos cuatro períodos y su posible relación con el aprendizaje de los alumnos se vinculan con el tipo de cultura prevalente en las facultades y escuelas a las que los alumnos se incorporan. Se describen estrategias personales utilizadas para sobrellevar el período de transición y factores claves de la institución tales como la relación con académicos y ayudantes. El programa T+I es analizado en profundidad en el capítulo 7 de este libro.

Los antecedentes presentados en esta sección dejan en evidencia la necesidad de sistematizar las características de los programas institucionales que están innovando en la admisión universitaria en Chile, y de mirar integralmente su implementación y resultados para aprender sobre su efectividad relativa. Los estudios sobre la efectividad de los programas institucionales antes mencionados se encuentran fragmentados por institución (y carrera), por lo que difieren en su enfoque y metodología, dificultando la comparación de sus resultados. Esperamos que la sistematización que se presenta

---

[25]   Es importante destacar que existen estudiantes que, habiendo a postulado a programa Talento e Inclusión, alcanzan los puntajes necesarios para ingresar por vía regular a sus respectivas carreras. Por tal razón, existen alumnos del programa bajo y sobre el puntaje de corte.

en los capítulos 5, 6, 7 y 8 permita avanzar en el aprendizaje de qué elementos podrían estar limitando los alcances de los programas institucionales, qué modelo privilegiar, cómo potenciarlo y posibles formas de expansión.

2. LA EVALUACIÓN DE PROGRAMAS Y LOS PROPÓSITOS DE ESTE LIBRO

Los programas institucionales recientemente implementados se entenderán como intervenciones, que tienen por objetivo incidir en el proceso de postulación y en la admisión de los estudiantes a las universidades chilenas. La evaluación de los resultados de dichas estrategias requiere necesariamente explorar lo que en la literatura de evaluación de programas educacionales se conoce como "teoría de programa" o "modelo lógico". Las teorías de programa de dichas iniciativas permitirán conocer en profundidad las expectativas de aquellos que participaron en el diseño del programa y los mecanismos a través de los cuales se esperaba que lograran los objetivos establecidos. El estudio de la teoría de programa sugiere que los programas tienen éxito o fracasan en lograr sus objetivos esperados por dos razones: (1) si el programa se implementó de acuerdo a lo planeado (la implementación) y (2) si se usaron las Ciencias Sociales apropiadamente para orientar y enmarcar el programa desde el principio (la teoría) (Fitzpatrick, Sanders & Worthen, 2011; Suchman, 1967; Weiss & Mark, 1995). Debido a ello, la evaluación debe referirse cuidadosamente a ambos (1) y (2), con el fin de entender "el proceso mediante el cual los componentes del programa se supone que afectan a los resultados y las condiciones en las que estos procesos se cree que operan" (Donaldson, 2007, p. 22). Esto es conocido como la teoría de programa.

Cuando la teoría de programa no está disponible, los expertos aconsejan usar múltiples fuentes para desarrollarla (Rogers, Petrosino, Huebner & Hacsi, 2000). Estas fuentes incluyen teorías implícitas en quienes estuvieron cerca del diseño y están cerca de la implementación del programa, la documentación de las actividades, la observación y la exploración de sus supuestos clave. El objetivo es crear una teoría de programa parsimoniosa o un plan que relacione las actividades (o componentes) del programa con sus objetivos esperados. Esta teoría de programa se puede utilizar para priorizar las preguntas de evaluación (Donaldson & Gooler, 2003). La mayoría de las teorías de programas se resumen en un diagrama que representa una cadena causal (Rogers, Petrosino, Huebner & Hacsi, 2000).

De este modo, los capítulos 5, 6 y 7, enmarcados en una perspectiva de evaluación de programas, abordan dos áreas principales: por un lado, intentan describir las teorías de programa de la tres iniciativas institucionales. Por otro, intentan evaluar los efectos de estos programas. Para ello se explora de manera descriptiva el **acceso** de grupos de entornos vulnerables a las instituciones y su **desempeño académico** tras la implementación de estos programas[26].

A partir de lo anteriormente expuesto, los próximos capítulos tienen como propósito **aportar a la comprensión de los programas institucionales de acceso implementados por algunas de las universidades más selectivas y complejas del sistema de educación superior de Chile, profundizando en sus efectos esperados y efectos observados en las respectivas instituciones.**

En una primera etapa del estudio, se intenta conocer los efectos esperados de los programas institucionales a través de la profundización en sus principales características y la comparación de sus teoría de programa. Luego se evalúa la efectividad de los programas institucionales a partir de un subconjunto de los efectos esperados para estos programas. Particularmente, se estudia la evolución en el período 2004-2013 de la proporción de grupos de bajo nivel socioeconómico en el cuerpo de matriculados a cada una de las universidades que albergan los tres programas estudiados. También se comparan los promedios de notas y la persistencia de los estudiantes beneficiados por los tres programas institucionales, con el de pares comparables en sus respectivas instituciones y carreras.

---

[26] El análisis del rendimiento académico de los estudiantes se fundamenta también en la sugerencia de Tinto (2012) de evaluar estrategias institucionales a través del éxito académico de los alumnos.

3. APROXIMACIÓN ANALÍTICA DEL MATERIAL QUE SE PRESENTA EN EL LIBRO

A continuación se describen los propósitos del estudio y cada una de las técnicas de recolección y análisis de información implementadas para llevarlos a cabo. Los lectores menos inclinados al análisis empírico pueden saltar directamente al capítulo 5.

Si bien la población de instituciones de interés está conformada por todas las instituciones que hoy están implementando programas con vías de admisión especial para alumnos académicamente talentosos y de menores ingresos, es decir, alrededor de 29 universidades tradicionales y privadas, el estudio se focaliza en la experiencia de tres instituciones selectivas, complejas y tradicionales de la Región Metropolitana: la Universidad de Chile, la Universidad de Santiago y la Pontificia Universidad Católica de Chile. El análisis de estos programas en tres universidades selectivas y tradicionales se justifica por ser este tipo de instituciones aquellas en las que, por sus características, es más difícil que accedan estudiantes de contextos desaventajados, al mismo tiempo que su implementación enfrenta mayores resistencias internas, al desafiar los estándares académicos sobre los que tradicionalmente se ha basado la admisión en estas instituciones. Los tres programas seleccionados ofrecen la oportunidad de estudiar iniciativas con cierta variabilidad en su diseño, grado de desarrollo y forma de implementación. La literatura ha mostrado la importancia de estudiar la experiencia universitaria en las instituciones emblemáticas, por ser el lugar en que se forman los futuros líderes sociales (e.g., Alon & Tienda, 2005; Bowen & Bok, 1998).

El **primer objetivo de este trabajo es conocer los efectos esperados de los programas institucionales** a través de la profundización en sus principales características y la comparación de sus teorías de programa. Para ello se estudiaron las principales características de los programas institucionales a través de un **análisis documental**. La recolección y lectura de documentos se sistematizó a través de matrices que caracterizan a los programas en distintas dimensiones. A partir de estas matrices se elaboraron diagramas explicativos para cada uno de los programas. Esta información permite establecer similitudes y diferencias entre los programas nacionales, pero también indagar en sus objetivos esperados. Se profundizó en la teoría de programa e implementación de cada uno de los tres programas mencionados por medio de **entrevistas** con personas que han jugado roles claves en su desarrollo e implementación (5 para SIPEE, 5 para Talento e Inclusión y 3 para Propedéutico USACH). Se trató de entrevistas semiestructuradas, cuyas pautas fueron elaboradas en concordancia con los hallazgos identificados a partir del análisis documental. La información recogida en las entrevistas de cada programa institucional fue utilizada para complementar y/o modificar la teoría de programa construida sobre la base del análisis documental. Las entrevistas fueron transcritas *verbatim* y luego codificadas utilizando una aproximación de análisis de contenido dirigido o deductivo (Hsieh & Shannon 2005; Elo & Kingas, 2008). La lista de códigos inicial se desarrolló a partir de los componentes comunes de las teorías de los programas analizados, complementándose con nuevos códigos que fueron emergiendo durante el proceso de codificación, los que fueron discutidos por el equipo de investigación[27]. Sobre la base de la información recabada en las entrevistas, se realizaron informes estructurados para cada programa y se complementó la teoría de programa generada para cada iniciativa a partir del análisis documental. Las modificaciones a la teoría de programa se plasmaron también en cambios en los diagramas que emergieron inicialmente a partir del análisis documental. En este libro se presentan y analizan los diagramas finales.

El segundo objetivo de este estudio es **evaluar la efectividad de los programas institucionales implementados en la Universidad Católica, en la Universidad de Chile y en la Universidad de Santiago a partir de la examinación de un subconjunto de sus objetivos esperados: la composición del cuerpo estudiantil institucional y el desempeño académico de los alumnos admitidos a través de los nuevos programas.** Específicamente, se analiza la evolución en el período 2004-2013 de la

---

[27] El proceso de codificación se desarrolló de manera individual por tres de las investigadoras, luego de lo cual se realizó una reunión de calibración entre dos de ellas y finalmente una segunda reunión de calibración en la que participaron las tres investigadoras. A partir de esta última calibración, se obtuvo la codificación final consensuada de cada entrevista.

proporción de grupos de bajo nivel socioeconómico en el cuerpo de matriculados a cada una de las universidades que son el foco de este trabajo.

Es relevante estudiar la evolución de la composición sociodemográfica de los estudiantes que se matriculan en estas universidades, especialmente la representación de aquellos que provienen de entornos desfavorecidos, para evaluar si los programas institucionales están generando cambios observables en su cuerpo de matriculados. Con tal objetivo, se analizan **bases de información** institucionales de cada universidad, que incluyen datos de matrícula de estudiantes desde 2004 a 2013. Estas bases se complementan con las características sociodemográficas de los estudiantes, información que proviene de DEMRE. De esta forma, se obtiene la evolución en el período 2004-2013 de las proporciones de jóvenes de colegios particulares subvencionados o municipales, de aquellos cuyas familias tenían ingresos de hasta $834.000 y de aquellos con madres con escolaridad menor a la universitaria completa, que componían el cuerpo de matriculados a estas tres universidades. El análisis presentado en este libro considera exclusivamente alumnos egresados de educación media el año inmediatamente anterior al año de análisis, tanto en la definición de postulantes como de seleccionados o admitidos, con el objetivo de mantener constante los posibles factores que inciden sobre distintas cohortes.

Del mismo modo, en el libro se presenta una comparación de los promedios de notas y la persistencia de los estudiantes beneficiados por los tres programas institucionales con el de pares comparables en sus respectivas instituciones y carreras. El análisis de la información académica de los estudiantes que ingresaron mediante los tres programas de equidad se confronta con el de estudiantes de características similares que ingresaron mediante la vía de admisión PSU o regular a sus respectivos planteles y carreras. El tipo de notas presentada varía según institución de acuerdo a la información disponible en cada casa de estudios. En particular:

- Propedéutico-USACH: se utilizó el Promedio Ponderado Anual (PPAN)

- Talento e Inclusión-Universidad Católica: se usó el Promedio Ponderado Acumulado Semestral (PPA).

- SIPEE-Universidad de Chile: solo fue posible utilizar el Promedio Anual (PROM).

Los grupos de comparación se definen sobre la base de dos variables: puntaje de selección (o promedio PSU Matemática y Lenguaje y Comunicación, en el caso de la USACH) y nivel educativo de la madre, ambas provenientes de la información de inscripción para la PSU (DEMRE). Esto tiene como objetivo aislar el desempeño académico de los alumnos admitidos mediante los nuevos programas de otras variables que también inciden en el desempeño académico de los estudiantes. En el caso de la Universidad de Chile, este segundo grupo de comparación se construye usando el nivel de ingreso familiar, ya que el nivel educacional de la madre no estuvo disponible[28] .

En el caso de rendimiento académico según promedio de notas, estos promedios se estandarizan dentro de la carrera y cohorte del estudiante de manera de hacerlos comparables[29]. Luego, los promedios de notas estandarizados de los estudiantes se promedian, en cada cohorte y año de seguimiento, para comparar los grupos de interés con sus grupos de comparación (definidos según puntaje PSU y educación de la madre). En el caso de la USACH, la comparación de promedios de notas de los alumnos que ingresan vía Propedéutico se hace primeramente con los alumnos similares que ingresan a Bachillerato y, una vez que los estudiantes se cambiaron a su carrera de destino (a partir del tercer año después del ingreso al Bachillerato), su grupo de comparación se busca entre los estudiantes que ingresaron el mismo año a dichas carreras.

La persistencia, por su parte, se definió a nivel de carrera (persistencia en la misma carrera). En el caso del Propedéutico de la Universidad de Santiago se permite un, y solo un, cambio de carrera,

---

[28]   Sin embargo, este dato sí está disponible para la información sobre postulantes y admitidos de esta institución.

[29]   Cabe destacar que los procedimientos para obtener un promedio de notas por alumno variaron dependediendo del tipo y frecuencia de la información recibida desde cada universidad (ver Santelices, Catalán & Horn, 2016).

con posterioridad al fin de los estudios de Bachilllerato (programa inicial al que entran los estudiantes beneficiados). En particular, en el capítulo 5 se presentan dos análisis de seguimiento: uno considerando como cohorte la totalidad de estudiantes que ingresa a Bachillerato a través del Propedéutico y su respectivos grupos de comparación entre sus compañeros que entraron a Bachillerato a través de la vía regular, y otro considerando las carreras de destino a las que ingresan los estudiantes del Propedéutico una vez finalizado el Bachillerato. En este último caso, se hace seguimiento de cada alumno que se matriculó en una carrera de destino una vez finalizado el Bachillerato, generando grupos de comparación para cada estudiante en su respectiva carrera de destino.

Para evaluar la significancia estadística de las diferencias tanto en promedios de notas como en persistencia entre quienes participan de los distintos programas y sus grupos de comparación (definidos según puntaje de selección y educación de la madre), se usan test estadísticos: test-t para diferencias de media para los promedios y chi-cuadrado para el análisis de persistencia. Estos tests se realizan a nivel de cada cohorte, carrera y año cursado para controlar posibles diferencias entre alumnos admitidos en distintos años, que cursan diferentes carreas y en distintos años de avance.

Es importante notar las diferencias entre programas en relación a la prosecución de estudios y las diferencias que esto implica en términos del análisis de los datos: en el caso del Propedéutico USACH-UNESCO, el cambio de carrera natural que ocurre luego de finalizado el segundo año de Bachillerato complejiza los análisis de notas y de persistencia. Como se mencionó anteriormente, el análisis para este programa considera un grupo de comparación en todas aquellas carreras donde se matriculó un estudiante proveniente del programa para el análisis de rendimiento académico de mediano y largo plazo. En cambio, en Talento e Inclusión y SIPEE, la admisión en la mayor parte de los casos se realiza directamente a la carrera de interés, por lo que se considera solo un grupo de comparación para cada cohorte y carrera.

4. LIMITACIONES DEL TRABAJO REALIZADO

La metodología cuantitativa utilizada en los análisis presentados en los capítulos 5, 6 y 7 permite establecer relaciones entre variables, pero no permite establecer relaciones causales al no corregir por posibles problemas de endogeneidad. Además, si bien idealmente los grupos de comparación incorporarían características tanto demográficas como académicas, es difícil encontrar alumnos similares en estas dimensiones dentro de cada una de las instituciones para el período de tiempo analizado. Por otro lado, el análisis cuantitativo que se presenta en los próximos capítulos no examina todos los posibles efectos esperados de los programas, y se enfoca exclusivamente en el efecto observado en la conformación del cuerpo estudiantil de cada institución y el rendimiento académico de los beneficiados. Por último, los resultados que se presentan en los capítulos 5, 6 y 7 están limitados a las instituciones y cohortes estudiados y no permiten generalizaciones aplicables a otro tipo de instituciones de educación superior.

5. CONCLUSIÓN

Evidenciar la teoría de programa detrás de los tres programas institucionales de acceso equitativo implementados durante la última década por la Universidad de Santiago, la Universidad de Chile y la Universidad Católica, así como explorar sus efectos en la composición del alumnado y rendimiento académico de los alumnos beneficiados permitirá conocer el calce entre el diseño original del programa, su implementación y los alcances que en la práctica han tenido dichos programas. Este diagnóstico, que se presenta en los capítulos 5, 6 y 7, es relevante para evaluar y planificar su futuro desarrollo y para la posible identificación de los modelos de programas más efectivos en el logro de una mayor inclusión y equidad en la educación universitaria, aspecto fundamental para mejorar la calidad de nuestro sistema de educación superior.

CAPÍTULO 5

PROPEDÉUTICO USACH: TEORÍA DE PROGRAMA, IMPLEMENTACIÓN Y RESULTADOS

En este capítulo se describen los efectos esperados y observados del programa Propedéutico USACH. Se comienza describiendo el origen y los antecedentes del programa, así como también, el diagnóstico y supuestos sobre los cuales se erigió. Luego se abordan los objetivos, componentes y actividades del Propedéutico articulados en su teoría de programa, complementada posteriormente con un detalle sobre su implementación práctica en la institución. Finalmente, se describen los resultados observados sobre la composición de alumnos matriculados y el desempeño acadé mido de los alumnos beneficiados por el programa Propedéutico de la USACH.

1. ORIGEN Y ANTECEDENTES DEL PROGRAMA PROPEDÉUTICO

Existe una serie de iniciativas que fueron dando forma al Programa Propedéutico de la Universidad de Santiago de Chile y que surgieron al alero de la Facultad de Ciencias de dicha casa de estudios, durante la década de 1990. Estas iniciativas surgieron con el objetivo de aumentar la representación de estudiantes de buen desempeño académico en sus contextos de origen, recuperando la importancia de las notas de enseñanza media (NEM) en la batería de selección universitaria, las que perdieron terreno ante una cada vez mayor ponderación entregada a la Prueba de Aptitud Académica (PAA), actual PSU. Entre dichas acciones, un importante antecedente para la instauración del programa Propedéutico fue la bonificación con un 5% del puntaje de selección, en todos los programas de la USACH, a aquellos estudiantes que provinieran del 5% superior de rendimiento académico de sus respectivos colegios. Esta iniciativa, que comenzó en 1992, habría permitido el acceso a estudiantes que no habrían podido ingresar por la vía regular a la USACH debido a sus menores puntajes en la prueba estandarizada de selección.

La evaluación positiva de los resultados de la bonificación habría sido fundamental para la creación de la Beca de Excelencia Académica (BEA) y los cupos supernumerarios del Consejo de Rectores de las Universidades Chilenas (CRUCH), lo que permitió expandir las posibilidades de continuidad de estudios terciarios para aquellos alumnos de buen rendimiento escolar, pero con bajo puntaje PSU. La bonificación tuvo lugar hasta 2004 cuando, por decisión del CRUCH, fue eliminada.

El 2006 fue un año crucial en la implementación del Propedéutico USACH. Dicho año se implementó el programa del MINEDUC Liceos Prioritarios, que encargó a determinadas universidades una intervención en colegios definidos por sus alta vulnerabilidad y bajos indicadores académicos en pruebas estandarizadas (PSU, SIMCE, etc.), destinándose recursos para ello. A la USACH, en particular, le fueron destinados cuatro liceos. Esta coyuntura fue aprovechada para crear, al año siguiente, un programa propedéutico mediante el cual los mejores alumnos de estos liceos prioritarios asignados pudieran proseguir sus estudios en el Bachillerato de la USACH y luego en la carrera de Ingeniería. Según los antecedentes entregados, en esta primera etapa del Propedéutico un porcentaje importante de los estudiantes que ingresaron por esta vía desertó. Pese a esto, en 2007 (admisión 2008) se amplió la convocatoria a todos aquellos jóvenes que estuvieran en el 10% superior de rendimiento académico de los colegios convocados por el programa Liceos Prioritarios para ingresar al programa de Bachillerato, comenzándose a dar forma al actual Propedéutico.

2. DIAGNÓSTICO Y SUPUESTOS DEL PROGRAMA PROPEDÉUTICO

Según sus creadores e implementadores, el Propedéutico emerge como una forma de enfrentar un diagnóstico de desigualdad en la calidad de la educación secundaria. De la mano con lo anterior, el Propedéutico se erige sobre el supuesto de que, pese a esta desigualdad, en todos los colegios existen potenciales buenos estudiantes. En este sentido, se plantea que el mérito y el talento académico son habilidades que se distribuyen homogéneamente en la sociedad:

"Hay 400, 346 colegios en Chile en que ningún niño alcanza 500 puntos en la PSU, ninguno, y lo que está en la base de todo esto es que los talentos están igualmente distribuidos entre ricos y pobres, nosotros no aceptamos que hayan colegios donde no hayan jóvenes con talento académico, no puede ser que en esos 346 colegios no haya al menos un chiquillo, o chiquilla, dos, tres, cuatro, cinco (...) Ahí nacen los propedéuticos, es un imperativo ético para responderle algo a esos 346 colegios, son muchos, son más del diez por ciento de los colegios de este país (...)". Entrevistado(a), Programa Propedeútico USACH, año 2014.

Buena parte de estos talentos, especialmente quienes provienen de contextos más vulnerables, no estarían siendo identificados por la actual PSU. En este marco, las notas de enseñanza media podrían constituirse como un mecanismo para detectar el talento académico.

3. TEORÍA DE PROGRAMA DEL PROPEDÉUTICO

La teoría de programa del Propedéutico contempla objetivos en el nivel social, institucional e individual, así como también los componentes y actividades a través de los cuales estos propósitos se cumplirían. La Figura 1 resume los objetivos, componentes y actividades del programa, que luego serán descritos en mayor profundidad.

FIGURA 1.

TEORÍA DE PROGRAMA DEL PROPEDÉUTICO DE LA UNIVERSIDAD DE SANTIAGO DE CHILE

COMPONENTES	ACTIVIDADES	EFECTOS INSTITUCIONALES ANTICIPADOS Y DESEADOS	CONSECUENCIAS SISTÉMICAS DESEADAS
RECLUTAMIENTO	Por contacto previo con escuelas (asesoradas por USACH) y difusión en página web, página de la Red de Propedéuticos, twitter y facebook.		Fortalecer la vinculación con el medio, en el contexto del sello de una Universidad Estatal.
	Selección al propedéutico, orientado a estudiantes: a) de 4° medio; b) con promedio de notas finales de 1°, 2° y 3° medio en el 10% superior del ranking de su curso; c) que estén desde 1° medio en su establecimiento; d) de colegios municipales vulnerables (definidos a priori).		Contribuir a una mayor equidad en el acceso a la ESUP en Chile.
			Elevar las expectativas educacionales de los alumnos que están en educación secundaria.
ADMISIÓN	Selección, a partir de: - Rendir la PSU (aunque no se exige puntaje mínimo en la PSU). - 100% de asistencia a las actividades del Propedéutico. - Carta de Compromiso (de apoderados y de alumnos). - Tener en cada curso del Propedéutico un promedio de notas igual o superior a 4.0.	Aumentar acceso de jóvenes talentosos usualmente no incluidos en la USACH (provenientes de contextos más vulnerables).	Contribuir a mejorar la calidad de la educación secundaria.
		Fomentar la permanencia de los participantes del programa.	
Retención	Apoyo financiero: a) beca de arancel completa a cargo de la USACH (solo pagan matrícula semestral); b) financiamiento complementario municipalidades.	Mejorar la experiencia universitaria de todos los alumnos de la universidad, hayan entrado por vía especial o no, a través de la diversidad.	
	Apoyo académico (nivelación, ayudantías, tutorías). Apoyo psicológico no focalizado.	Asegurar la calidad de la educación a través de la diversidad.	
		Asegurar la calidad de la educación, a través de la inclusión de alumnos talentosos de bajo NSE.	

3.1 Objetivos del Programa Propedéutico

La implementación del Propedéutico busca atender a objetivos en tres niveles: individual (alumnos), institucional (universidad) y social (sistema de educación superior y/o sociedad en su conjunto). Estos objetivos se describen a continuación.

3.1.1 Objetivos a Nivel Individual (alumnos)

A partir de los supuestos y diagnósticos expuestos por sus creadores e implementadores, uno de los principales objetivos del programa Propedéutico es promover el acceso de jóvenes talentosos provenientes de contextos vulnerables o, en otras palabras, "chiquillos buenos de colegios menos buenos".

3.1.2 Objetivos a Nivel Institucional

Existe un interés en que el programa asegure la calidad educativa de la USACH mediante la inclusión de alumnos talentosos de contextos desaventajados. La inclusión de estos alumnos contribuiría a aumentar el rendimiento académico, retención y titulación de los estudiantes de la universidad en general. Por lo mismo, sería importante no solo garantizar el acceso de estudiantes de menor nivel socioeconómico a la universidad, sino también asegurar que sean lo suficientemente talentosos como para tener un buen desenvolvimiento durante sus estudios y lograr terminarlos. De aquí que la valoración del ranking de notas de enseñanza media como criterio de selección del Propedéutico se base en su aparente capacidad para predecir esta trayectoria académica.

Un segundo objetivo a nivel institucional dice relación con asegurar la calidad o excelencia académica mediante la inclusión de alumnos talentosos de contextos desaventajados que aporten diversidad a la institución, bajo el entendido de que dicha diversidad es un medio para mejorar la calidad de la universidad. El supuesto detrás es que el contacto y vínculo con personas con distintas realidades sociales contribuye a la formación de mejores profesionales. Ello iría de la mano con mejorar la experiencia universitaria de todos los alumnos de la universidad, hayan entrado por vía especial o no.

3.1.3 Objetivos a Nivel Social

El Propedéutico aspira a contribuir a mejorar la equidad en la educación superior, favoreciendo el ingreso de estudiantes de colegios de bajo nivel socioeconómico. También se destaca la importancia que cumpliría el Propedéutico como etapa de nivelación, al ser una instancia en que los jóvenes beneficiados, en general lejanos al ambiente de la universidad, pueden familiarizarse con el mundo universitario, académica y extraacadémicamente. En un nivel más general, el programa tiene como objetivo elevar las expectativas educacionales de los alumnos que están en la educación secundaria, aumentando su motivación por ingresar a la educación superior. Ello se lograría gracias a la señal que estaría dando el Propedéutico a los estudiantes de colegios de bajo nivel socioeconómico, de que con esfuerzo es posible ingresar a la educación superior:

"La señal que le estás mandando a la sala de clases, a los jóvenes, de que el esfuerzo que realicen, y el profesor también, es que el esfuerzo que se realiza dentro de la sala de clases por el profesor y los 35 alumnos, o 40 alumnos, ese momento es importante para tu vida futura, esa señal de que lo que está ocurriendo ahí tiene un sentido (…)". Entrevistado(a), Programa Propedéutico USACH, año 2014.

A partir de los puntos señalados anteriormente, el Propedéutico espera además contribuir a mejorar la calidad de la educación secundaria, a través de un cambio en las prácticas de las escuelas, tanto en relación a una mayor motivación de los alumnos, como a un mayor compromiso de directivos y docentes.

3.2 Componentes y Actividades del Programa Propedéutico

Se intenta alcanzar los objetivos del Propedéutico enumerados en la sección anterior por medio de distintas actividades que, para efectos de presentación, se han agrupado en tres componentes. En primer lugar, se describirá el componente de reclutamiento, para luego describir las actividades asociadas a la admisión y retención de alumnos[30] .

3.2.1 Reclutamiento

El Propedéutico convoca a los estudiantes de 4° medio de colegios definidos como Liceos Prioritarios sumando a través del tiempo a otros colegios con un alto Índice de Vulnerabilidad Escolar (IVE) en convenio con la USACH. De esta forma, las escuelas participantes están establecidas a priori, con anterioridad a la convocatoria y admisión al programa. En este contexto, el reclutamiento tiene ribetes especiales, al tratarse de una convocatoria acotada y focalizada en estos establecimientos, los que transmiten a sus estudiantes, por medios formales e informales, la oportunidad de utilizar esta vía de ingreso especial.

En particular, los requisitos son que los estudiantes deben estar en el 10% superior del ranking de su curso (desde 1° a 3° medio) y haber estado matriculados desde 1° medio en algunos de los establecimientos educacionales en convenio. Los jóvenes convocados tienen clases de lenguaje y comunicación, matemática y gestión personal los días sábado durante todo el segundo semestre de 4° año medio. Al finalizar esta etapa, se entrega un cupo en el programa de Bachillerato de la USACH al 5% superior de estudiantes, que haya tenido un 100% de asistencia y un buen desempeño en las asignaturas del programa Propedéutico (sobre 4,0), considerándose también las calificaciones obtenidas en su establecimiento durante 4° medio.

3.2.2 Admisión (Preselección y Selección)

Una vez finalizada la etapa propedéutica, descrita en la sección anterior, se selecciona al 5% superior de los estudiantes que hayan

---

[30] El año de referencia de esta descripción es 2014, pudiendo por lo tanto existir algunas modificaciones durante años posteriores.

aprobado este programa, entregándoles la opción de ingresar al Bachillerato, programa que ofrece aproximadamente 50 cupos disponibles para ser usados por estos estudiantes. Este número se ha mantenido relativamente estable en el tiempo, siendo determinado por los recursos económicos con que dispone la universidad para este programa. Finalizando el Bachillerato, que tiene una duración teórica de dos años, los jóvenes pueden cambiarse a sus carreras de destino dentro de la oferta de programas de la USACH, ciñéndose a las vacantes generales que otorga cada uno de ellos, tanto para estudiantes que ingresan por la vía de admisión regular a Bachillerato como para aquellos que ingresan a través del Propedéutico.

El esfuerzo y el desempeño en la educación secundaria son considerados por los creadores e implementadores del Propedéutico como indicadores de resiliencia y capacidad de estudio y, como consecuencia, predictores de la permanencia en la universidad y titulación de los jóvenes. Dicha capacidad predictiva sería, según ellos, similar a la que tiene la PSU en los primeros años de estudios, pero mejor que la que tiene este indicador hacia el final de la carrera. Asimismo, al comparar la capacidad predictiva del ranking con la de las notas de enseñanza media (NEM), se espera que "siempre el ranking es (será) mejor que las notas, porque las notas de distintos colegios no son comparables".

3.2.3 Retención

Desde la perspectiva de los creadores e implementadores del programa, la USACH reconoce que los alumnos que ingresan vía Propedéutico están en desventaja académica y psico-emocional frente a sus pares que ingresan por vía ordinaria debido a sus condiciones de origen, que dificultarían la adquisición de herramientas para enfrentar la vida universitaria. Es por ello que se entregan distintos apoyos a los estudiantes participantes del programa con el fin de asegurar su buen desempeño durante sus estudios universitarios; estos apoyos son principalmente académicos y financieros.

Una primera instancia de apoyo la constituye la etapa propedéutica, que se desarrolla cuando los jóvenes están aún en 4° medio. Este apoyo es principalmente académico (clases de matemáticas y lenguaje, entre otras), pero también socioemocional, en ámbitos como el cuidado personal y hábitos de estudio. El objetivo último de la nivelación realizada por el programa es "darles (a los alumnos) los contenidos mínimos obligatorios que no les entregaron en la educación media". Sin embargo, los entrevistados reconocen que el efecto remedial del Propedéutico es limitado, dada su corta duración. Por tal razón, se decidió implementar una instancia de nivelación adicional, consistente en un internado de matemáticas que se realiza durante el mes de enero en dependencias de la USACH. Dado que para ese entonces los estudiantes seleccionados están matriculados en la universidad, la participación en el internado es calificada y la nota obtenida es canjeable, si ellos así lo deciden, por la del primer control que tienen en el ramo de matemáticas de Bachillerato.

Desde 2009, la USACH cuenta con el Programa PAIEP (Programa de Acceso Inclusivo, Equidad y Permanencia), disponible para todos sus estudiantes, pero en el que los estudiantes del Propedéutico tienen un lugar privilegiado. En este marco, se implementa la Beca de Nivelación Académica (BNA), financiada por el Ministerio de Educación, que incluye a todos los estudiantes del Propedéutico, así como a otros jóvenes que la requieran. Concretamente, el apoyo consiste en dos estrategias: por una parte, se realiza un curso regular de matemáticas, y por otra, se definió la figura del tutor par, quien se encarga de apoyar a un grupo de estudiantes.

En el Propedéutico, los apoyos académicos se consideran también fundamentales para la **salud psicológica** de los estudiantes: "si tú los apoyas académicamente todos los otros apoyos, psicosociales, de depresión y todo eso, pasan a segundo plano porque el niño se siente bien, se siente cómodo, se siente contento, se siente integrado". En este sentido, los creadores e implementadores del programa señalan que no existen apoyos psicológicos directamente enfocados a los alumnos que ingresan vía Propedéutico. De todos modos, la universidad cuenta con una unidad llamada Servicio de Orientación Psicosocial, que atiende a todos los alumnos que demandan atención psicológica.

Adicionalmente a estos esfuerzos, el programa ha desarrollado algunas estrategias de **apoyo a los docentes,** fundamentalmente a través de talleres con profesores de primer año para sensibilizarlos sobre la realidad de los estudiantes admitidos vía Propedéutico.

Otro de los apoyos fundamentales que entrega el programa es el **financiamiento**, que se canaliza a través de una beca completa de arancel a los estudiantes que ingresan por Propedéutico, y que actualmente se nutre de la Beca de Excelencia Académica entregada por el Estado a estudiantes de buen desempeño académico en sus colegios. No obstante, esta beca no es suficiente. Contar con financiamiento completo para los estudiantes es una pieza clave dentro del programa para asegurar su permanencia en la universidad, ya que "si a estos chiquillos tú no los becas 100%, no tienen ninguna posibilidad de mantenerse en la Universidad". Por ello, junto con la cobertura del arancel, se entregan becas de alimentación, fotocopias, pasajes, etc., algunas de las cuales son gestionadas a partir de convenios con otras instituciones, como por ejemplo, los municipios en los que se alojan los establecimientos que son parte de la red Propedéutico.

4. IMPLEMENTACIÓN DEL PROGRAMA PROPEDÉUTICO

Una vez presentada la teoría de programa del Propedéutico y aquellos aspectos que encarnan la forma en que este programa intenta lograr sus objetivos, en esta sección se describen algunas de las implicancias prácticas que tuvo su implementación en la USACH, organizadas según los componentes de la teoría de programa descritos anteriormente.

4.1 Reclutamiento

En la etapa de reclutamiento es crucial el vínculo de la universidad con las escuelas en convenio. Los creadores e implementadores del programa afirman que en un inicio las comunidades escolares se mostraron reticentes a la iniciativa, principalmente por las bajas expectativas que tenían respecto de sus alumnos en relación a su futuro académico. Sin embargo, con el paso de los años, tanto familias como escuelas se habrían ido transformando en un importante apoyo para el programa Propedéutico. Los creadores e implementadores del programa atribuyen este cambio a una transformación de las expectativas en los entornos de los estudiantes que ya han ingresado al Propedéutico, que afecta positivamente a las generaciones más jóvenes, sus familias y comunidades escolares:

"Hay profesores que dan un paso al frente, que vienen los sábados o en otro momento a preguntarnos cómo le pueden ayudar a sus estudiantes en los colegios, tú notas que después de dos años los directivos cambian su disposición y en vez de creer que ninguno de sus chiquillos se salva, comienzan a ver resultados con los que ya están en la universidad". Entrevistado(a), Programa Propedéutico USACH, año 2014.

4.2 Admisión

En relación a la admisión, es especialmente relevante la estabilidad de la forma en que los estudiantes ingresan a la USACH, es decir, a través del programa de Bachillerato. Se trata de una estrategia para focalizar la nivelación académica, que permita un tránsito más paulatino hacia las carreras de destino de los estudiantes.

El número de vacantes también se ha mantenido estable en el tiempo, lo cual, desde la perspectiva de los creadores e implementadores del programa, estaría determinado por los recursos económicos con que dispone la universidad para este. En efecto, se señala que "la cohorte completa de un curso de propedéutico hace que la universidad deje de recibir un millón de euros cada año", lo que se traduce en que "para nosotros es casi imposible aumentar las vacantes con gratuidad".

4.3 Retención

Como se mencionó anteriormente, el apoyo financiero que entrega la USACH a los estudiantes del Propedéutico reviste una importancia vital, debido al alto costo de oportunidad que tiene para los estudiantes el no poder trabajar jornada completa para aportar a sus familias. El compromiso de la universidad es evitar que los jóvenes tengan que trabajar, para que así puedan dedicarse completamente a sus estudios. Esto ha llevado a generar redes de colaboración con otras instituciones, como municipios, para celebrar convenios que permitan la entrega de una subvención a los estudiantes y sus familias. Dichos convenios son variables y dependen del interés y recursos de las municipalidades, por lo que no aseguran financiamiento para todos los años que dure la carrera.

Las actividades de nivelación realizadas con posterioridad a la etapa propedéutica son también parte fundamental del programa y, según los creadores e implementadores del Propedéutico, han tenido una buena recepción por parte de los estudiantes convocados, quienes participan con entusiasmo de dichas instancias, lo cual estaría directamente relacionado con su perfil socio-académico:

> *"Un año que terminamos tarde hicimos el internado (la nivelación) en febrero, (...) 'no va a llegar nadie!', les decía yo. ¿Quién va a venir en febrero? ¡Yo estaba de vacaciones y me llega la foto de la sala llena! No, si estos cabros son estudiosos, donde los llamís, si esa es la gracia de usar el ranking. Mira, el cabro ranking es el chiquillo que estaba pasando el curso y le dieron un trabajo pa subir nota y lo hizo igual, ese es el perfil!".* Entrevistado(a), Programa Propedéutico USACH, año 2014.

No obstante, los esfuerzos desarrollados en el marco del Propedéutico para aportar a la nivelación académica de los estudiantes beneficiados no han estado exentos de dificultades, debido a algunas resistencias de los docentes a trabajar con alumnos más desafiantes en términos pedagógicos, como lo son los admitido por esta vía a la

USACH: *"No está toda la universidad siempre de acuerdo con estas cosas (...) Es la gente que dice: ¿y por qué nosotros nos vamos a hacer cargo de esto?"*.

En esta misma línea, el perfeccionamiento y adecuación de las prácticas pedagógicas de los docentes serían más bien escuetos, particularmente en algunas áreas como las matemáticas, donde casi no se estarían haciendo innovaciones en función de la nueva composición del alumnado.

5. EFECTOS OBSERVADOS DEL PROGRAMA PROPEDÉUTICO

En esta sección se describen los efectos observados del programa, en específico, el perfil sociodemográfico y académico de los estudiantes beneficiados por el Propedéutico, el cambio en la proporción de grupos de bajo nivel socioeconómico que se matricula en la USACH una vez que se implementa el programa, y el rendimiento académico y la persistencia de los estudiantes beneficiados en comparación con estudiantes comparables que ingresan mediante vía regular al Bachillerato[31].

5.1 Cambios en la Postulación y Composición del Cuerpo de Estudiantes de la USACH

Para tener una perspectiva general de la situación de la USACH en relación a la postulación y admisión de estudiantes de bajo nivel socioeconómico, se comienza esta sección describiendo las tendencias observadas para la postulación y la admisión (o selección) que se realizan por la vía de admisión regular (vía PSU) a esta institución; aunque esta información no contiene a los estudiantes que participan

---

[31] Aun cuando los objetivos esperados a nivel social, y en específico en los colegios en convenio en términos de expectativas académicas, son parte central de los objetivos del Propedéutico, estos no fueron abordados por esta investigación debido a limitaciones de tiempo y recursos.

del programa Propedéutico (y otros estudiantes que estén siendo admitidos por la vía especial), permite ilustrar la situación general en la institución en relación a la postulación y admisión de estos grupos[32].

La postulación y selección de estudiantes de bajo nivel socioeconómico mediante la admisión regular a la USACH se ha mantenido relativamente estable en el período 2004-2013, con una leve tendencia a la baja en el grupo de ingresos menores a $834.000. La proporción de postulantes provenientes de hogares con ingresos menores a $834.000, egresados de colegios municipales y subvencionados, y con madres sin educación universitaria completa que postula a la USACH en cualquier preferencia es de entre un 70% y 80% durante dicho período (ver Figura 2), siendo estas proporciones algo mayores entre quienes postulan en primera preferencia, con valores que fluctúan entre un 70% y 90% (ver Figura 3).

Entre los postulantes admitidos a la USACH, estas proporciones fluctúan entre un 70% y un 90% en el mismo período (ver Figura 4). Pese a estos altos números, el porcentaje de estudiantes de bajo nivel socioeconómico que es admitido de entre aquellos que postula a la USACH (en cualquier preferencia) alcanza valores en el rango 20% y 25%, con cierta estabilidad durante el período estudiado (ver Figura 5).

---

[32] Si bien esta información longitudinal se mostró en el capítulo 2 haciendo el énfasis en un análisis comparado entre-instituciones, en esta sección se pone el énfasis en el análisis intra-institución.

FIGURA 2.
PROPORCIÓN DE POSTULANTES EN CUALQUIER
PREFERENCIA A LA USACH EN EL PERÍODO 2004-2013,
CORRESPONDIENTES A CADA GRUPO.

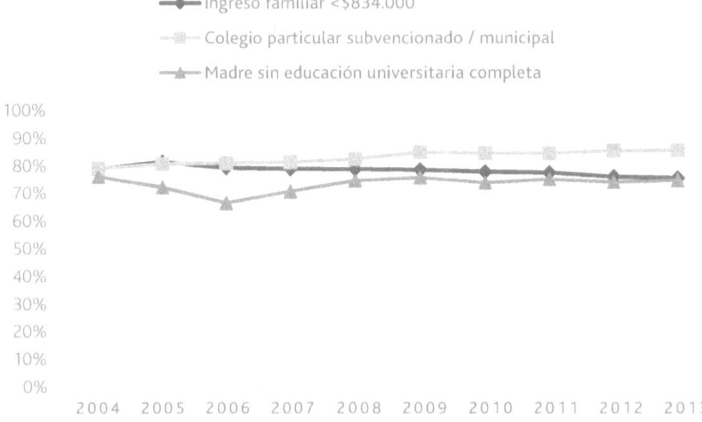

FIGURA 3.
PROPORCIÓN DE POSTULANTES EN PRIMERA PREFERENCIA
A LA USACH EN EL PERÍODO 2004-2013, CORRESPONDIENTES
A CADA GRUPO.

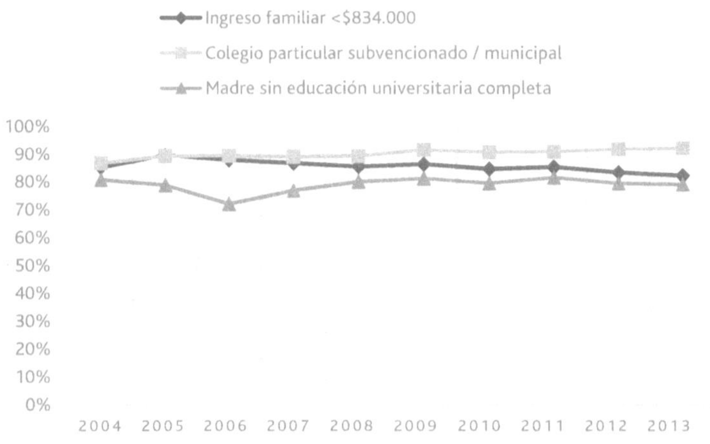

FIGURA 4.

**PROPORCIÓN DE ADMITIDOS A LA USACH EN EL PERÍODO
2004-2013 CORRESPONDIENTE A CADA GRUPO.**

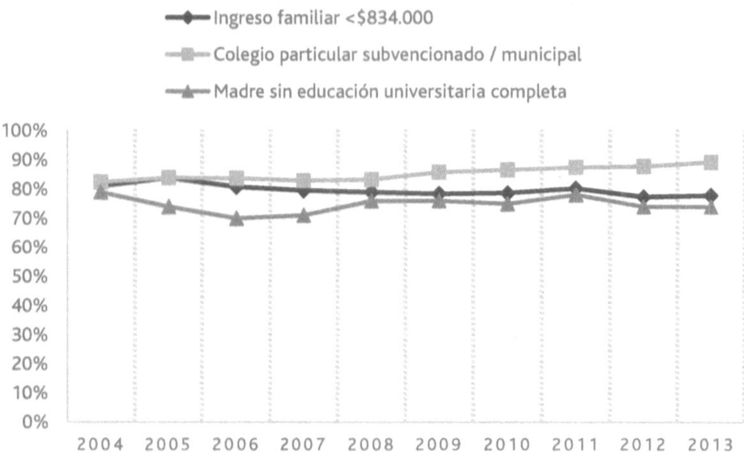

FIGURA 5.

**PROPORCIÓN DE ESTUDIANTES QUE POSTULA Y ES
ADMITIDO A LA USACH EN CUALQUIER PREFERENCIA EN EL
PERÍODO 2004-2013[33] .**

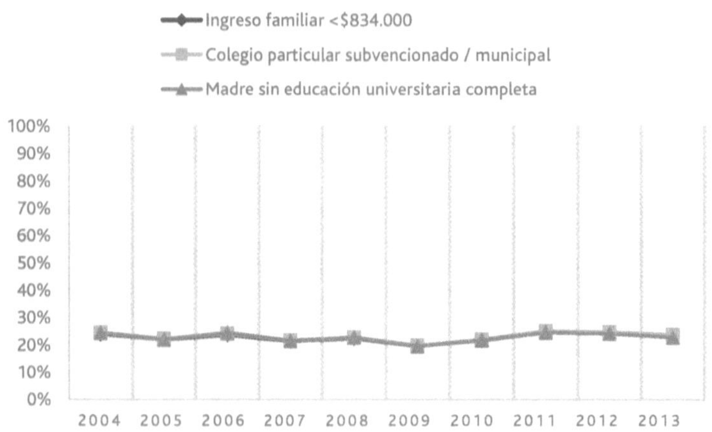

---

[33]   La superposición de líneas se debe a la similitud de los datos graficados.

5.2 Caracterización de los Estudiantes Admitidos vía Propedéutico

Los jóvenes que habiendo cursado el Propedéutico ingresan al programa de Bachillerato de la USACH (aproximadamente 50 al año) cuentan con un menor nivel socioeconómico que sus pares que ingresan por la vía de admisión ordinaria a dicho programa (ver Tabla 1). Los estudiantes que ingresan a través del programa Propedéutico provienen en un 100% de colegios particulares subvencionados y municipales, y en su gran mayoría cuentan con ingresos familiares menores a $834.000 mensuales y tienen madres que no han completado la educación universitaria. Asimismo, los jóvenes que ingresan a través de este programa presentan puntajes PSU promedio notoriamente más bajos que sus pares matriculados en la carrera de Bachillerato por vía regular, aunque con brechas que han tendido a cerrarse en el tiempo.

TABLA 1.

COMPARACIÓN SOCIOECONÓMICA Y ACADÉMICA DE LOS ALUMNOS QUE INGRESAN A TRAVÉS DEL PROPEDÉUTICO Y DE LA ADMISIÓN REGULAR A LA USACH.

	Dependencia particular subvencionado y municipal	Ingresos familiares < $834.000	Ed. madre<univ. completa	PSU Promedio	N
Cohorte 2008					
Propedéutico	100,00%	100,00%	91,18%	453,8	34
Bachillerato	87,59%	81,75%	76,64%	638,3	137
USACH	79,61%	78,95%	73,02 %	630,5	3.654
Cohorte 2009					
Propedéutico	100,00%	100,00%	85,11%	481,9	47
Bachillerato	85,71%	77,02%	72,05%	637,2	161
USACH	81,44%	76,86%	72,09%	632,5	3.648
Cohorte 2010					
Propedéutico	100,00%	100,00%	100,00%	506,0	47
Bachillerato	88,19%	74,31%	71,53%	640,6	144
USACH	78,29%	73,86%	69,68%	634,5	3.833
Cohorte 2011					
Propedéutico	100,00%	100,00%	87,50%	488,7	48

Bachillerato	90,23 %	87,97%	80,45 %	641,1	133
USACH	82,06 %	77,06 %	73,18%	632,5	3.762
Cohorte 2012					
Propedéutico	100,00%	100,00%	83,64%	480,3	55
Bachillerato	91,95 %	82,76%	77,59%	621,3	174
USACH	82,09 %	75,36%	72,00%	624,8	4.322
Cohorte 2013					
Propedéutico	100,00%	100,00%	87,93%	516,5	58
Bachillerato	90,54 %	83,78%	72,30%	610,6	148
USACH	78,04 %	70,97%	68,8%	624,8	4.285

Ahora bien, al observar las características de los alumnos matriculados en el período 2004-2013 (ver Figura 6), la USACH cuenta con alrededor de un 80% de estudiantes provenientes de colegios municipales y particulares subvencionados, alrededor de un 75% de estudiantes provienen de hogares con ingresos menores a $834.000 y alrededor de un 70% tiene madres sin educación universitaria completa. Estos datos incluyen alumnos matriculados admitidos por vía ordinaria y por vía especial. No es posible observar un cambio en la tendencia luego de la implementación del programa en el año 2008, existiendo leves fluctuaciones año a año. La serie finaliza con un leve aumento en la proporción de estudiantes que proviene de colegios municipales y particulares subvencionados, y sin cambios relevantes en los otros dos grupos socioeconómicos de interés. Estos valores son similares a lo observado en el análisis de admitidos por vía regular a esta institución reportado en la Figura 4.

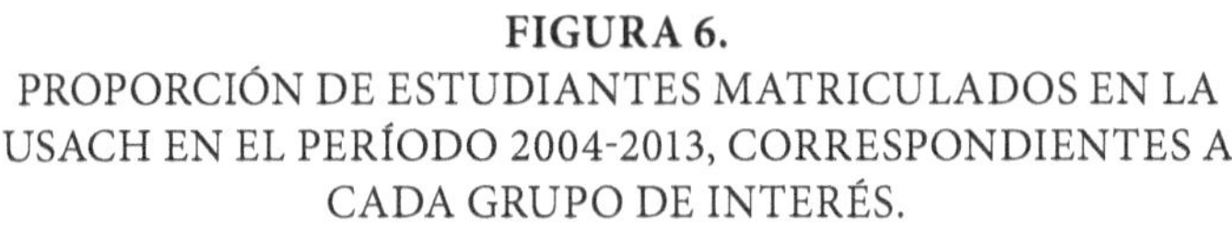

FIGURA 6.
PROPORCIÓN DE ESTUDIANTES MATRICULADOS EN LA
USACH EN EL PERÍODO 2004-2013, CORRESPONDIENTES A
CADA GRUPO DE INTERÉS.

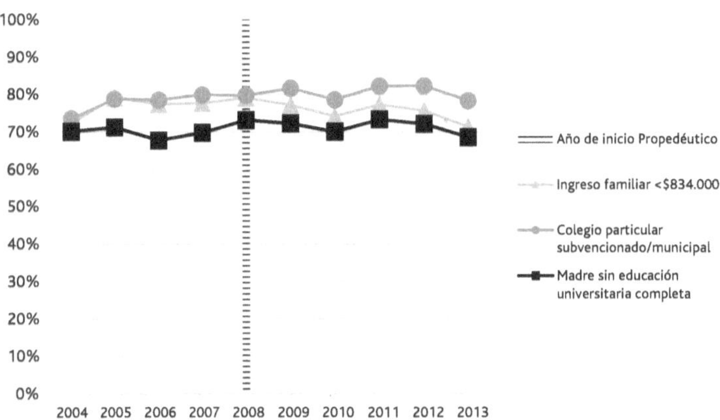

5.3 Rendimiento Académico de los Estudiantes Admitidos vía Propedéutico

El análisis que compara el desempeño académico de los estudiantes beneficiados por el programa con pares de similares características[34], a través de medidas asociativas como pruebas de medias y Chi cuadrado, muestra que el promedio ponderado de notas anual obtenido por el grupo que ingresó a través del programa Propedéutico no es significativamente diferente del de sus pares comparables que no ingresaron a través de dicho programa, tanto para el grupo de comparación por puntaje PSU (Tabla 2) como para el de aquellos con madres con un nivel educativo similar (Tabla 3).

---

[34] Al respecto, dado que los estudiantes que ingresan vía Propedéutico USACH cuentan con puntajes PSU debajo del puntaje de ingreso vía ordinaria, se dificultó la tarea de encontrar pares con similares puntajes en esta prueba, lo que podría haber afectado la comparación de los efectos del programa.

TABLA 2.
COMPARACIÓN NOTAS ESTANDARIZADAS DEL GRUPO PROPEDÉUTICO USACH (PU) Y GRUPO DE COMPARACIÓN SEGÚN PUNTAJE PSU PROMEDIO.

Cohorte		Año 1		Año 2		Año 3		Año 4		Año 5		Año 6	
		PU	Nº PU	PU	No PU	PU	No PU	PU	No PU	PU	No PU	PU	No PU
2008	Prom PPAN Z	-0.919	0.167	-0.586	-0.001	-0.258	0.012	-0.379	-0.222	-0.331	-0.106	-0.352	-0.048
	N alumnos	24	27	23	25	20	101	21	239	20	353	18	384
	N carreras	1	1	1	1	6	6	12	12	12	12	12	12
	Delta (NPU-PU)	1.086		0.585		0.270		0.157		0.224		0.304	
	Valor p (NPU-PU)	1.000		0.955		0.728		0.634		0.686		0.758	
2009	Prom PPAN Z	-1.030	0.245	-0.616	0.229	-0.983	0.041	-0.330	0.084	-0.633	-0.050		
	N alumnos	30	49	28	46	25	159	24	358	23	593		
	N carreras	1	1	1	1	6	6	11	11	20	20		
	Delta (NPU-PU)	1.275		0.846		1.024		0.415		0.583			
	Valor p (NPU-PU)	1.000		0.999		0.899		0.927		0.976			
2010	Prom PPAN Z	-1.034	0.250	-0.543	0.185	0.048	0.053	-0.073	-0.041				
	N alumnos	32	84	32	80	22	369	16	543				
	N carreras	1	1	1	1	7	7	10	10				
	Delta (NPU-PU)	1.2836		0.7282		0.0046		0.0327					
	Valor p (NPU-PU)	1.000		0.999		0.509		0.555					
2011	Prom PPAN Z	-0.887	0.198	-0.071	0.228	0.272	-0.060						
	N alumnos	38	29	37	22	32	330						
	N carreras	1	1	1	1	12	12						
	Delta (NPU-PU)	1.0850		0.2988		-0.3314							
	Valor p (NPU-PU)	1.000		0.899		0.081							
2012	Prom PPAN Z	-0.779	0.170	-0.212	-0.084								
	N alumnos	48	58	40	43								
	N carreras	1	1	1	1								
	Delta (NPU-PU)	1.950		0.128									
	Valor p (NPU-PU)	0.999		0.693									
2013	Prom PPAN Z	-0.491	0.124										
	N alumnos	58	144										
	N carreras	1	1										
	Delta (NPU-PU)	0.615											
		1.000											
		PP1		PP2		PP3		PP4		PP5		PP6	
Resumen cohortes	Delta (NPU-PU)	1.049		0.5171		-0.0551		0.4623		0.4483		0.3043	
	Valor p (NPU-PU)	1.000		0.997		0.967		0.965		0.965		0.758	

TABLA 3.

COMPARACIÓN NOTAS ESTANDARIZADAS DEL GRUPO PROPEDÉUTICO USACH (PU) Y GRUPO DE COMPARACIÓN SEGÚN EDUCACIÓN DE LA MADRE.

Cohorte		Año 1		Año 2		Año 3		Año 4		Año 5		Año 6	
		PU	Nº PU	PU	No PU	PU	No PU	PU	No PU	PU	No PU	PU	No PU
2008	Prom PPAN Z	-0.96	0.17	-0.63	0.07	-0.26	0.02	-0.04	-0.15	-0.33	-0.007	-0.11	0.02
	N alumnos	23	54	22	49	20	228	20	410	18	440	17	397
	N carreras	1	1	1	1	6	6	11	11	12	12	11	11
	Delta (NPU-PU)	1.130		0.704		0.280		-0.110		0.262		0.125	
	Valor p (NPU-PU)	1.000		0.994		0.734		0.368		0.716		0.628	
2009	Prom PPAN Z	-1.072	0.208	-0.678	0.152	-1.081	0.024	-0.416	0.127	-0.673	-0.060		
	N alumnos	29	74	27	71	24	180	23	360	22	653		
	N carreras	1	1	1	1	5	5	10	10	19	19		
	Delta (NPU-PU)	1.280		0.830		1.105		0.543		0.7325			
	Valor p (NPU-PU)	1.000		0.999		0.870		0.962		0.990			
2010	Prom PPAN Z	-0.998	0.164	-0.554	0.161	0.040	0.084	-0.073	-0.032				
	N alumnos	31	64	31	60	21	286	16	432				
	N carreras	1	1	1	1	7	7	10	10				
	Delta (NPU-PU)	1.1929		0.7141		0.0439		0.1058					
	Valor p (NPU-PU)	1.000		0.998		0.583		0.671					
2011	Prom PPAN Z	-0.908	0.278	-0.076	0.117	0.272	0.085						
	N alumnos	37	59	36	45	32	478						
	N carreras	1	1	1	1	12	12						
	Delta (NPU-PU)	1.1868		0.1926		-0.1867							
	Valor p (NPU-PU)	1.000		0.848		0.203							
2012	Prom PPAN Z	-0.846	0.215	-0.082	0.084								
	N alumnos	42	97	34	74								
	N carreras	1	1	1	1								
	Delta (NPU-PU)	1.061		0.166									
	Valor p (NPU-PU)	1.000		0.525									
2013	Prom PPAN Z	-0.404	0.110										
	N alumnos	47	90										
	N carreras	1	1										
	Delta (NPU-PU)	0.065											
		0.525											
		PP1		PP2		PP3		PP4		PP5		PP6	
Resumen cohortes	Delta (NPU-PU)	1.066		0.4882		0.0068		0.4209		0.5504		0.1252	
	Valor p (NPU-PU)	1.000		0.990		0.513		0.964		0.984		0.628	

Los mismos resultados se observan para la persistencia en el análisis de la cohorte que ingresa a Bachillerato (Tablas 4 y 5), con diferencias que en general no son estadísticamente significativas, a excepción de la cohorte 2009 en ambos grupos de comparación, con diferencias en contra de los estudiantes del programa Propedéutico.

Ahora bien, al analizar el desempeño de los estudiantes del Propedéutico una vez que ingresan a sus carreras de destino luego de finalizar el Bachillerato (Tablas 6 y 7), las tasas de persistencia son en general mayores que las vistas para el análisis de la cohorte completa de estudiantes que ingresa a Bachillerato a través de este programa de acceso (Tablas 2 y 3). Asimismo, aunque existen diferencias estadísticamente significativas en el primer período de seguimiento de casi todas las cohortes en contra de los estudiantes del Propedéutico en relación a sus grupos de comparación, las diferencias tienden a minimizarse hacia el final del período de seguimiento.

TABLA 4.
COMPARACIÓN PERSISTENCIA ANUAL DEL GRUPO PROPEDÉUTICO USACH (PU) POR COHORTE PARA BACHILLERATO Y GRUPO DE CONTROL POR PUNTAJE PSU.

Cohorte	Año 1		Año 2		Año 3		Año 4		Año 5		Año 6	
	PU	No PU	PU	No PU	PU	No PU	PU	No PU	PU	No PU	PU	No PU
2008	70,6%	62,8%	67,6%	60,5%	55,9%	48,8%	55,9%	48,8%	52,9%	41,9%	44,1%	34,9%
	24_a	27_a	23_a	26_a	19_a	21_a	19_a	21_a	18_a	18_a	15_a	15_a
2009	63,8%	81,7%	59,6%	78,3%	51,1%	78,3%	42,6%	70,0%	38,3%	60,0%		
	30_a	49_b	28_a	47_b	24_a	47_b	20_a	42_b	18_a	36_b		
2010	68,1%	69,4%	68,1%	68,6%	44,7%	42,1%	36,2%	38,0%				
	32_a	84_a	32_a	83_a	21_a	51_a	17_a	46_a				
2011	79,2%	87,9%	77,1%	75,8%	58,3%	69,7%						
	38_a	29_a	37_a	25_a	28_a	23_a						
2012	87,3%	85,3%	72,7%	69,1%								
	48_a	58_a	40_a	47_a								

a Letras de subíndice iguales indican categorías cuyas proporciones de columna no difieren significativamente entre sí en el nivel ,05.
b Letras de subíndice difrerentes indican categorías cuyas proporciones de columna sí difieren significativamente entre sí en el nivel ,05.

TABLA 5.
COMPARACIÓN PERSISTENCIA ANUAL DEL GRUPO PROPEDÉUTICO USACH (PU) POR COHORTE PARA BACHILLERATO Y GRUPO DE CONTROL POR ED. DE LA MADRE.

Cohorte	Año 1		Año 2		Año 3		Año 4		Año 5		Año 6	
	PU	Nº PU	PU	No PU	PU	No PU	PU	No PU	PU	No PU	PU	No PU
2008	71,9%	78,3%	68,8%	73,9%	59,4%	60,9%	59,4%	59,4%	56,3%	50,7%	46,9%	40,6%
	23_a	54_a	22_a	51_a	19_a	42_a	19_a	41_a	18_a	35_a	15_a	28_a
2009	67,4%	86,0%	62,8%	84,9%	53,5%	77,9%	44,2%	73,3%	39,5%	64,0%		
	29_a	74_b	27_a	73_b	23_a	67_b	19_a	63_b	17_a	55_b		
2010	68,9%	82,1%	68,9%	80,8%	44,4%	43,6%	35,6%	39,7%				
	31_a	64_a	31_a	63_a	20_a	34_a	16_a	31_a				
2011	84,1%	85,5%	81,1%	73,9%	63,6%	62,3%						
	37_a	59_a	36_a	51_a	28_a	43_a						
2012	87,8%	90,7%	69,4%	78,5%								
	43_a	97_a	34_a	84_a								

a Letras de subíndice iguales indican categorías cuyas proporciones de columna no difieren significativamente entre sí en el nivel ,05.
b Letras de subíndice diferentes indican categorías cuyas proporciones de columna sí difieren significativamente entre sí en el nivel ,05.

TABLA 6.
COMPARACIÓN PERSISTENCIA ANUAL DEL GRUPO PROPEDÉUTICO USACH POR COHORTE PARA NUEVAS CARRERAS (GRUPO DE COMPARACIÓN PSU)

Cohorte 2008	Año 1		Año 2		Año 3		Año 4	
	PU	Nº PU	PU	No PU	PU	No PU	PU	No PU
Cambio en tercer año (2010)	75,0%	96,9%	75,0%	73,5%	75,0%	72,4%	75,0%	65,3%
	6_a	95_b	6_a	72_a	6_a	71_a	6_a	64_a
Cambio en cuarto año (2011)	100,0%	78,2%	75,0%	73,5%	66,7%	66,8%		
	12_a	165_a	9_a	155_a	8_a	141_a		
Cambio en quinto año (2012)	75,0%	89,6%	75,0%	79,2%				
	3_a	181_a	3_a	160_a				
Cambio en sexto año (2013)	100,0%	100,0%						
	1_a	53_a						

Cohorte 2009	PU	Nº PU	PU	No PU	PU	No PU
Cambio en tercer año (2011)	83,3%	100,0%	66,7%	86,6%	66,7%	83,9%
	5$_a$	149$_b$	4$_a$	129$_a$	4$_a$	125$_a$
Cambio en cuarto año (2012)	83,3%	92,4%	83,3%	76,3%		
	10$_a$	292$_a$	10$_a$	241$_a$		
Cambio en quinto año (2012)	81,8%	91,5%				
	9$_a$	238$_a$				
Cohorte 2010	PU	Nº PU	PU	No PU		
Cambio en tercer año (2012)	90,0%	91,8%	90,0%	81,2%		
	9$_a$	357$_b$	9$_a$	316$_a$		
Cambio en cuarto año (2013)	87,5%	100,%				
	7$_a$	227$_b$				
Cohorte 2011	PU	Nº PU				
Cambio en tercer año (2013)	87,5%	100%				
	14$_a$	326$_b$				

a Letras de subíndice iguales indican categorías cuyas proporciones de columna no difieren significativamente entre sí en el nivel ,05.
b Letras de subíndice diferentes indican categorías cuyas proporciones de columna sí difieren significativamente entre sí en el nivel ,05

TABLA 7.
COMPARACIÓN PERSISTENCIA ANUAL DEL GRUPO PROPEDÉUTICO USACH POR COHORTE NUEVAS CARRERAS (GRUPO DE COMPARACIÓN ED. MADRE).

Cohorte 2008	Año 1		Año 2		Año 3		Año 4	
	PU	Nº PU	PU	No PU	PU	No PU	PU	No PU
Cambio en tercer año (2010)	75,0%	96,3%	75,0%	74,9%	75,0%	71,7%	75,0%	66,2%
	6$_a$	211$_b$	6$_a$	164$_a$	6$_a$	157$_a$	6$_a$	145$_a$
Cambio en cuarto año (2011)	100,0%	94,4%	81,8%	84,4%	72,7%	77,3%		
	11$_a$	303$_a$	9$_a$	271$_a$	8$_a$	248$_a$		
Cambio en quinto año (2012)	75,0%	98,3%	50,0%	82,0%				
	3$_a$	175$_a$	2$_a$	146$_a$				
Cambio en sexto año (2013)	100,0%	100,0%						
	1$_a$	51$_a$						

Cohorte 2009	PU	N° PU	PU	No PU	PU	No PU
Cambio en tercer año (2011)	80,0%	98,5%	60,0%	84,2%	60,0%	78,1%
	4_a	256_b	3_a	219_a	203_a	3_a
Cambio en cuarto año (2012)	83,3%	97,4%	83,3%	82,5%		
	10_a	294_b	10_a	249_a		
Cambio en quinto año (2012)	81,8%	99,0%				
	9_a	294_b				

Cohorte 2010	PU	N° PU	PU	No PU
Cambio en tercer año (2012)	90,0%	98,2%	90,0%	88,3%
	9_a	278_a	9_a	250_a
Cambio en cuarto año (2013)	87,5%	97,3%		
	7_a	182_a		

Cohorte 2011	PU	N° PU
Cambio en tercer año (2013)	82,4%	97,1%
	14_a	469_b

a Letras de subíndice iguales indican categorías cuyas proporciones de columna no difieren significativamente entre sí en el nivel ,05.
b Letras de subíndice diferentes indican categorías cuyas proporciones de columna sí difieren significativamente entre sí en el nivel ,05.

5.4 Efectos Percibidos del Programa Propedéutico

Para complementar los datos sobre los resultados observados del programa, se presentan brevemente los efectos del programa percibidos por los creadores e implementadores del Propedéutico.

Entre los efectos percibidos en el nivel académico por los creadores e implementadores del programa, las notas de primer año de los estudiantes que ingresan vía Propedéutico son consideradas algo menores que las de sus pares que ingresan por vía ordinaria, aunque en segundo año estas tenderían a emparejarse. Esto sería particularmente evidente en los ramos de matemáticas. Asimismo, observan que las notas de aquellos alumnos que recibieron tutorías serían algo mejores que las de quienes no lo hicieron, aunque dicen no contar con datos específicos para sustentar dicha afirmación. Un tercer tipo de efecto observado por los creadores e implementadores del programa dice relación con las tasas de retención, las que estarían presentando una disminución en años recientes.

Desde la perspectiva de sus creadores e implementadores, el Propedéutico ha tenido también un efecto positivo sobre los indicadores académicos de los colegios con que trabajan, lo que se condice con el cumplimiento de algunos de sus objetivos esperados, mencionados anteriormente. En específico, se plantea que la posibilidad palpable de ingresar a la USACH modificaría las expectativas y proyecciones de los estudiantes, instalando una mayor motivación por el estudio y el esfuerzo en las generaciones siguientes, lo cual también se traduciría en un alza de otros indicadores académicos, como los puntajes PSU:

"La primera generación propedéutico en el año 2007 [admisión 2008] que rindió la prueba tuvo 438 puntos de promedio, PSU (...) Los mismos colegios a la última prueba sin considerar ranking tuvieron 549 puntos de promedio, lo que nos dice a nosotros que estos chiquillos, ¡son los mismos colegios! Si miramos todos los colegios es mucho más alto, porque partimos con cinco colegios pero ahora vamos en once. ¿Qué te indica eso? Que en los colegios los chicos están estudiando más, y además que son colegios que ya tienen una tradición propedéutica (...) porque en los colegios el concepto de propedéutico está más presente (...) Ahora está instalado en los colegios, desde el colegio hay un acercamiento, ven a sus compañeros que están en la universidad, hay todo un aprendizaje de los chiquillos, de los directores, de los profes y de todos". Entrevistado(a), Programa Propedéutico USACH, año 2014.

6. CONCLUSIÓNES SOBRE EL DISEÑO, IMPLEMENTACIÓN Y RESULTADOS DEL PROGRAMA PROPEDÉUTICO

Los antecedentes descritos en este capítulo evidencian las principales características del programa Propedéutico en relación a su diseño, implementación y algunos de sus efectos observados. Desde sus inicios, el Propedéutico ha puesto un importante foco no solo en mejorar la equidad en el nivel de la educación superior sino que también constituirse en un motor de cambio en la educación media. Esto queda demostrado en la importancia dada dentro del programa a su etapa propedéutica, que además de aportar a la nivelación para la vida universitaria de los estudiantes convocados al programa, espera contribuir a la constitución de una cultura de acceso a la universidad dentro de colegios de alta vulnerabilidad. Otra de las características esenciales del programa es su compromiso con los estudiantes beneficiados para que permanezcan y terminen sus estudios, compromiso que va más allá de abrirles la puerta a la institución y que se refleja en un constante esfuerzo por entregar apoyos financieros, académicos y psicoemocionales, tanto con recursos propios como gracias a convenios de colaboración.

Las características anteriormente enunciadas se condicen con la forma en la que el programa se ha consolidado dentro de la USACH: una iniciativa con un número reducido de vacantes, focalizado en un grupo de alumnos con características muy particulares, que se inserta en un programa académico específico (Bachillerato) pero que desde ahí ha ido constituyéndose en un referente dentro de la USACH y a nivel nacional para distintas intervenciones -institucionales y a nivel del sistema- que buscan la equidad en la educación superior.

En términos de resultados observados, los estudiantes admitidos mediante el Propedéutico a la USACH efectivamente tienen el perfil que este esperaba convocar: son estudiantes con un menor nivel socioeconómicos y que, pese a tener un excelente desempeño académico escolar, no lograron un puntaje PSU que les permitiera ingresar a la institución mediante la admisión ordinaria. Ahora bien, por su limitado número de vacantes, el Propedéutico no logra tener altos niveles de impacto en la composición del cuerpo de estudiantes de la USACH; no obstante, a diferencia de la Universidad de Chile y de la Universidad Católica, esta institución históricamente ha tenido un alumnado mucho más representativo de grupos con menores niveles socioeconómico, por lo que los desafíos en relación a la admisión de estudiantes prioritarios son, probablemente, menos ambiciosos en términos numéricos que los de instituciones con un perfil socioeconómico más elitizado. En relación a la permanencia y resultados académicos de los estudiantes beneficiados, estos en general no difieren de los de estudiantes comparables admitidos por vía regular, a excepción de la persistencia en algunos cohortes y especialmente en los primeros períodos de seguimiento; esto probablemente está relacionado con los contextos de origen de estos estudiantes. La consecución de otros de los objetivos planteados en la teoría de programa del Propedéutico, especialmente aquellos que refieren a efectos en el nivel de la enseñanza media, no fueron abordados directamente por las autoras de este libro, pero ha sido percibida positivamente por los creadores e implementadores del programa.

En el capítulo 6 se presenta el diagnóstico realizado para el programa SIPEE de la Universidad de Chile, usando el mismo esquema seguido en este capítulo.

CAPÍTULO 6

SIPEE: TEORÍA DE PROGRAMA, IMPLEMENTACIÓN Y RESULTADOS

En un tenor similar al del capítulo 5, en esta apartado se revisarán los principales antecedentes, objetivos y componentes de la teoría de programa del Sistema Prioritario de Equidad Educativa de la Universidad de Chile (SIPEE), así como también algunas mediciones preliminares de sus efectos o consecuencias. Se comienza describiendo el origen y diagnóstico sobre el cual surgió dicha iniciativa, para luego, y a través de su teoría de programa, describir los objetivos que persigue a nivel individual, institucional y social. Posteriormente, se indaga en las principales características del reclutamiento, admisión y retención de los estudiantes convocados a participar del SIPEE, entregando algunos detalles sobre la implementación práctica de este programa en la Universidad de Chile. Finalmente, se describen los resultados observados de esta iniciativa, en particular, el perfil sociodemográfico de los estudiantes beneficiados, el cambio en la composición del cuerpo de estudiantes y los resultados académicos (notas y persistencia) de los estudiantes que ingresaron a través de este programa.

1. ORIGEN Y ANTECEDENTES DEL PROGRAMA SIPEE

De acuerdo a los documentos revisados en la investigación y a los relatos de los entrevistados, la implementación de un sistema alternativo de ingreso a la Universidad de Chile es una iniciativa que surge desde la Rectoría de esta casa de estudios, específicamente, del rector, quien le encarga a la prorrectora de la Universidad dirigir su diseño. Durante 2010, se convoca a una serie de académicos de la Universidad para constituir una comisión de trabajo, con el objetivo de revisar experiencias de referencia nacionales e internacionales que pudieran servir de inspiración a la iniciativa en gestación. Según los creadores e implementadores del SIPEE, este trabajo habría sido fundamental para dar factibilidad a la propuesta: "[para que] no fuera una cuestión súper teórica, una gran investigación que finalmente no pudiera implementarse".

Entre las experiencias internacionales revisadas por esta comisión se encuentran algunas de Europa y Estados Unidos relativas a cuotas, particularmente las de California y Australia. Por su parte, las experiencias chilenas revisadas fueron los Propedéuticos UNESCO, implementados en la USACH y en la Universidad Raúl Silva Henríquez. También se revisaron con mucho interés experiencias internas de la misma Universidad de Chile, como las estrategias de apoyo al aprendizaje que se estaban realizando en la Facultad de Economía y Negocios, un plan piloto implementado en Medicina y, particularmente, los Cupos de Equidad desarrollados en la Facultad de Ciencias Sociales durante 2009 y 2010. El trabajo de la comisión terminó en 2011, implementándose el SIPEE en la admisión 2012, con una fórmula basada principalmente en los Cupos de Equidad de la Facultad de Ciencias Sociales, acogiendo los cambios a los criterios de selección ya realizados en esa facultad.

La coordinación del programa SIPEE habría recaído principalmente en la prorrectora, hasta que en 2012 comienza a crearse la Oficina de Equidad e Inclusión, dependiente de la Prorrectoría, que se termina de institucionalizar en 2014. Como afirman los creadores e implementadores del programa, la creación de esta oficina obedece a un interés por darle un mayor grado de institucionalización a las iniciativas de equidad en la universidad, y masificarlas en más unidades académicas. Así, en su primer año (2012), se incorporaron al SIPEE 7 de las 17 facultades, mientras que el segundo año (2013) ya se habían incluido todas, aunque con diferencias en la estructuración de sus vacantes. En este proceso habría sido crucial la intervención de los participantes de la comisión, en tanto "estos representantes convencieron a sus decanos de que ellos fueran los primeros en participar".

2. DIAGNÓSTICO Y SUPUESTOS DEL PROGRAMA SIPEE

Los supuestos sobre los cuales se fundamenta el programa SIPEE son, por una parte, el diagnóstico de una gran desigualdad social en el país, que se refleja en la desigualdad en el acceso a la educación superior. Por otra parte, hay una reflexión sobre la elitización de la universidad, aspecto que se considera especialmente problemático para una universidad pública emblemática, como lo es la Universidad de Chile. Un tercer supuesto refiere a los beneficios asociados a la diversidad del cuerpo de estudiantes en el espacio universitario:

"Estaban los estudios internacionales que decían que la homogenización de los espacios de estudio universitario generaba problemas en la institución, o sea que era necesario que hubiese diversidad para el mayor desarrollo de la ciudadanía, de la democracia, de profesionales efectivos en contextos de diversidad y de desarrollo del conocimiento". Entrevistado(a), Programa SIPEE Universidad de Chile, año 2014.

3. TEORÍA DE PROGRAMA DEL SIPEE

La teoría de programa del SIPEE contempla objetivos en el nivel social, institucional e individual, así como también describe los componentes, y sus respectivas actividades, mediante los cuales estos propósitos se cumplirían. La Figura 1 resume dichos objetivos, componentes y actividades, que serán abordados en mayor profundidad en las siguientes sub-secciones.

FIGURA 1.
TEORÍA DEL PROGRAMA SIPEE

COMPONENTES	ACTIVIDADES	EFECTOS INSTITUCIONALES ANTICIPADOS Y DESEADOS	CONSECUENCIAS SISTÉMICAS DESEADAS
RECLUTAMIENTO	Difusión masiva por e-mail (64.009 estudiantes, de 836 colegios). / Feria Puertas Abiertas (300 als.). / Visitas focalizadas (98 colegios RM).		Generar un impacto en los colegios de los cuales provienen los jóvenes que ingresan vía SIPEE, ello al elevar las expectativas educacionales de sus alumnos y profesores y, con ello, mejorar la calidad.
ADMISIÓN (por aumento de cupos especiales)	Preselección de estudiantes, según cumplimiento de: - Quintiles I, II y III. - Enseñanza secundaria en establecimientos municipales. - Excelencia académica escolar (NEM sobre 5,5) y en la PSU (sobre 600 o 650, dependiendo de la carrera). / Selección de estudiantes, según jerarquizaciones anidadas: 1° Según IVE, de más alto a más bajo. 2° Según quintil, de más bajo a más alto.	Permitir el acceso de jóvenes meritorios provenientes de contextos desaventajados. / Aumentar la cantidad de jóvenes meritorios provenientes de contextos desaventajados.	Contribuir a una mayor equidad en el acceso a la ESUP en Chile.
PERSISTENCIA / GRADUACIÓN / INSERCIÓN	Apoyo académico a alumnos: tutorías y mentorías. / Talleres a profesores. / Financiamiento externo (becas MINEDUC) e interno en algunas facultades (materiales).	Permitir experiencia de diversidad a estudiantes y académicos → Mejorar la calidad de la institución. / Impulsar una reforma institucional, que permita visibilizar y mejorar los apoyos a todos los estudiantes del perfil SIPEE. / Asegurar la permanencia e integración de los alumnos SIPEE, y promover una adecuada inserción laboral.	

3.1 Objetivos del Programa SIPEE

La implementación del SIPEE busca atender a objetivos en tres niveles: individual (alumnos), institucional (universidades) y social (sistema de educación superior y/o sociedad en su conjunto).

3.1.1 Objetivos a Nivel Individual (Alumnos)

Se plantea el interés del programa por permitir el acceso a la universidad a jóvenes talentosos provenientes de contextos desventajados. Esto se lograría a través del mecanismo de admisión implementado por el SIPEE: aunque se sostiene la vulnerabilidad escolar como índice primario de ordenamiento, la exigencia de los 600 puntos PSU permitiría seleccionar postulantes con un talento excepcional.

3.1.2 Objetivos a Nivel Institucional

De la mano con lo anterior, se identifica un interés por aumentar el acceso a la Universidad de Chile de jóvenes meritorios provenientes de colegios con mayores índices de vulnerabilidad. Se trata de jóvenes que no podrían ingresar a esta universidad a través de su admisión regular debido a que sus puntajes en la PSU son inferiores a los exigidos en dicho sistema de admisión. La inclusión de estos estudiantes contribuiría a mejorar la calidad de la institución debido a un aumento en la diversidad del cuerpo estudiantil, sin poner en riesgo la excelencia académica de la universidad. Así, se propone un discurso en el que la calidad no se enfoca en la competencia, sino en el rol público de la Universidad de Chile y la valoración de la diversidad como un elemento clave en la formación de las personas. En este sentido, los beneficios de generar ambientes educativos más inclusivos afectarían a toda la comunidad universitaria:

"Estas experiencias de diversidad (...) hacen que los procesos educativos sean de mejor calidad. Nuestra tesis, desde el punto de vista educativo, es esa, que los esfuerzos que se hacen de

inclusión finalmente redundan en una mejor formación. O sea, aquí no está ganando solamente el estudiante vulnerable que tuvo posibilidades de ingresar a la Chile, sino que también el chiquillo de colegio particular que ha tenido una buena formación y que se enfrenta a una sala que es distinta, con un profesor que también está atento a sacar provecho de esas experiencias culturales que son distintas, porque nosotros estamos también captando en el proceso educativo experiencias de vida, de maneras de afrontar la vida y la realidad, que son distintas". Entrevistado(a), Programa SIPEE Universidad de Chile, año 2014.

Un tercer objetivo refiere a las estrategias y apoyos orientados a asegurar la permanencia y la integración de los alumnos beneficiados por el SIPEE. De allí que los creadores e implementadores de este programa destaquen la importancia de generar una estructura institucional capaz de promover su adecuado desarrollo. Dentro de este mismo objetivo, emerge el interés por promover una adecuada inserción laboral para estos estudiantes. Finalmente, un cuarto objetivo, que engloba a los anteriores y les da un sentido al interior de la institución, es impulsar una reforma institucional más allá del acceso y los apoyos a un grupo específico de estudiantes. Así, se esperaba que el SIPEE promoviera la modificación de las estructuras y prácticas institucionales para fortalecer la función pública, favorecer la relación entre sujetos diversos y "devolverle a la Universidad de Chile este entusiasmo por la cosa social". Este interés habría estado en directa relación con las demandas de los movimientos estudiantiles que emergieron a principios de la década de 2010 en Chile. Parte de esta reforma tiene que ver con visibilizar y mejorar el apoyo ofrecido a todos los estudiantes de perfil socioeconómico y académico similar al de los alumnos que ingresan por SIPEE, incluyendo a aquellos que habían ingresado a la Universidad por vía regular.

3.1.3 Objetivos a Nivel Social

Se identificaron múltiples objetivos del programa SIPEE asociados en general a provocar un determinado impacto en la sociedad. En primer lugar, emerge como objetivo que la Universidad de Chile contribuya, mediante su ejemplo y liderazgo, a mejorar la equidad en la educación superior y aporte a la construcción de una sociedad más democrática y justa, basada en la igualdad de oportunidades. Junto a lo anterior, se destaca que la diversificación del espacio universitario llevará a una mejor formación de los estudiantes y, con ello, permitirá proveer a la sociedad de mejores profesionales, con capacidad de promover la disminución de la desigualdad social y la construcción de una sociedad más inclusiva.

En el nivel de la enseñanza media, se busca generar un impacto en los colegios de los cuales provienen los jóvenes que ingresan vía SIPEE, específicamente, elevar las expectativas educacionales de sus alumnos y profesores, mediante la estimulación que produciría el hecho de que estudiantes de esos colegios sean admitidos en la Universidad de Chile. Por lo mismo, se espera que este impacto estimule la mejora de la calidad de la educación secundaria en general, mediante un cambio en las prácticas de alumnos y docentes.

3.2 Componentes y Actividades

El programa intenta alcanzar los objetivos anteriormente mencionados por medio de distintas actividades que, para efectos de presentación, se han agrupado en tres componentes. En primer lugar, se describirá el componente de reclutamiento, para luego describir las actividades asociadas a la admisión y retención de alumnos.

3.2.1 Reclutamiento

El requisito básico para postular al SIPEE es provenir de un colegio municipal. La decisión de solo aceptar postulantes de colegios municipales y no provenientes de establecimientos particulares subvencionados se habría fundamentado en el rol público de la Universidad de Chile y, por ello, en su responsabilidad de entregar apoyo a la educación pública.

Para convocar a sus postulantes, el programa se focaliza en colegios municipales que cumplen con los requisitos mínimos de admisión, es decir, con alto Índice de Vulnerabilidad (IVE) pero con un historial de relativo buen desempeño académico.

Las estrategias de difusión, por su parte, habrían sido iniciadas desde un nivel central, siendo las más comunes el envío de correos electrónicos y las ferias de puertas abiertas para estudiantes de enseñanza media. La comunicación a través de e-mail se utiliza para la difusión masiva del programa, para lo cual se usan las bases de datos del Departamento de Comunicaciones de la Universidad, con información de estudiantes de 3° y 4° medio. También se utiliza una base de datos de orientadores y directivos de colegios municipales. En tanto, en las ferias que organiza la Universidad se entregan volantes informativos y se posibilita que los estudiantes postulen directamente allí al programa.

También se han desarrollado estrategias más específicas de difusión en las distintas facultades. Destacan las visitas focalizadas a escuelas con alto IVE a lo largo de todo Chile, en las que se informa a los estudiantes sobre el programa, que son realizadas bajo la coordinación de la Facultad de Economía y Negocios.

3.2.2 Admisión (Preselección y Selección)

Los postulantes al SIPEE son ordenados sobre la base de diferentes criterios de admisión, siendo el principal el IVE de la escuela de proveniencia. La priorización del IVE, y no del ingreso familiar, busca evitar que por la vía SIPEE ingresen "alumnos de los colegios emblemáticos que no lograron entrar por la vía regular", pues no serían el foco del programa. El quintil de ingreso se utiliza como el segundo criterio con mayor relevancia para ordenar a los postulantes.

Por su parte, el ranking de notas de egreso de educación media es el tercer criterio de selección utilizado para ordenar a los estudiantes. Según los creadores e implementadores del programa, este último criterio en general "garantiza que el estudiante es dedicado a sus estudios" aunque, se reconoce, no siempre las calificaciones reflejan el mérito y el talento académico; de ahí su lugar en el ordenamiento. Finalmente, una vez realizado el procedimiento de ordenamiento de los postulantes, se verifica que estos cumplan con los puntajes PSU exigidos por cada carrera (600 o 650 puntos, dependiendo de la carrera). De esta forma, la PSU no constituye un criterio de jerarquización de los estudiantes, sino un filtro que interviene en la etapa final del proceso de selección. Aunque se minimiza la relevancia de la PSU como criterio de admisión, arguyendo que el tipo de alumno buscado (proveniente de un colegio con alto IVE y con quintil de ingreso bajo) suele tener puntajes PSU más bajos que los usualmente exigidos por la Universidad de Chile, aun ocupa un espacio como indicador de talento y predictor del rendimiento académico universitario.

3.2.3 Retención

Desde sus inicios, el programa SIPEE tuvo un foco no solo en el acceso, sino también en los apoyos que los estudiantes necesitaran para cumplir satisfactoriamente con sus estudios, bajo el reconocimiento de que "si no se generaban instancias de apoyo y esos estudiantes fallaban, el programa completo iba a fallar". En este sentido, se manifiesta la convicción de que los estudiantes que ingresan mediante esta vía necesitarían una preparación académica extra, especialmente durante sus primeros años de estudio.

En el ámbito de la retención, esto se habría traducido en el desarrollo de una unidad a nivel central a cargo de elaborar estrategias de apoyo académico a todos los estudiantes de la universidad. Se trata del Área de Aprendizaje, dentro del denominado Modelo de Desarrollo Integral del Estudiante que la Universidad de Chile ha implementado, cuya función es concentrar aquellos apoyos al aprendizaje que no ocurren directamente en el aula. En esa línea se creó, por ejemplo, un Centro de Aprendizajes con psicopedagogos en el Campus Sur de la Universidad y se realizan nivelaciones académicas, incluyendo las llamadas "tutorías integrales", ejecutadas por estudiantes de distintas facultades, seleccionados en conjunto con las unidades, que son capacitados y financiados centralmente. Dada la existencia limitada de recursos, los tutores solo se asignan a estudiantes calificados como vulnerables.

Además, en las facultades de Derecho y de Economía y Negocios existen las mentorías, actividades realizadas por académicos que apadrinan a un grupo de alrededor de cinco estudiantes cada uno. A diferencia de las tutorías, se trata de una instancia de apoyo más integral en relación a la vida universitaria:

"(...) un acompañamiento humano, más que otra cosa, la tutoría es académica, la mentoría es más que el profesor conversa contigo, te apoya, te cuenta sus historias, te habla sobre la universidad, sobre la facultad en específico, o sea, el profesor decide cómo se acerca al estudiante". Entrevistado(a), Programa SIPEE Universidad de Chile, año 2014.

El programa tampoco cuenta con instancias de apoyo psicológico y psicosocial específicas para los alumnos SIPEE. Más bien, cada facultad cuenta con equipos de asistentes sociales y psicólogos.

"Hasta antes del SIPEE era una oficina que estaba atrás, que nadie conocía, la asistente social era como de otro mundo, hoy día las asistentes sociales conocen a los directores de escuela, son capaces de ir y decirles director, tenemos problemas con... (...) buena parte fue gracias al SIPEE, porque nos permitió preguntarnos quiénes eran los estudiantes que teníamos delante, las condiciones de muchos de estos estudiantes estaban desde antes del SIPEE, los teníamos a nivel sala y no nos habíamos dado cuenta". Entrevistado(a), Programa SIPEE Universidad de Chile, año 2014.

Al igual que lo que sucede con otros programas de acceso a la universidad, uno de los pilares fundamentales en la permanencia de los alumnos es asegurar su financiamiento. En el caso del SIPEE, este depende prácticamente en su totalidad de las becas que entrega el Estado, las que estarían aseguradas para todos los estudiantes del programa, debido a que su perfil se condice con los requisitos exigidos por el MINEDUC para postular a estas ayudas (tener más de 600 puntos en la PSU y pertenecer a los tres primeros quintiles). De manera adicional, algunas facultades entregan financiamiento extra a los estudiantes de menores recursos, pertenecientes o no al programa SIPEE, a fin de cubrir costos de manutención y/o de materiales (ej. Becas de materiales en la Facultad de Arquitectura y Urbanismo).

Finalmente, también se han desarrollado algunas estrategias de apoyo a los docentes para ajustar sus prácticas pedagógicas a una nueva composición del alumnado. Una de estas estrategias es la Red para la Excelencia Docente, cuyo objetivo es que los profesores de primer año pongan en práctica estrategias didácticas que fomenten la interacción entre los estudiantes.

4. IMPLEMENTACIÓN DEL PROGRAMA SIPEE

En esta sección se presentan algunos de los desafíos y estrategias específicas desarrolladas en la Universidad de Chile durante la implementación del programa SIPEE, organizados según los componentes de la teoría de programa antes descritos. Los temas se reportan de acuerdo a lo encontrado en las entrevistas y documentos analizados.

4.1 Reclutamiento

Al menos en un principio del programa, la difusión no fue llevada desde la unidad de difusión central de la Universidad, sino que fue realizada colaborativamente entre las distintas facultades que participaban del programa. Así, cada facultad visitó los colegios con los que tenía algún tipo de vínculo, o que eran relativamente cercanos a su campus. Durante el segundo año se diseñó un plan más específico de acuerdo a las características de los establecimientos educativos.

4.2 Admisión

En términos generales, el programa SIPEE introdujo una extensa discusión al interior de la Universidad de Chile, principalmente respecto a sus mecanismos de admisión. En particular, existieron resistencias de algunos docentes de la Universidad hacia el programa, manifestadas sobre todo en sus inicios. Dichas resistencias estarían relacionadas con una visión negativa de la admisión de estudiantes de menor nivel académico, al ser visto como un impedimento para realizar satisfactoriamente las clases y cumplir con los estándares de excelencia exigidos en la Universidad. La explicación de estas reticencias se basaría también en un discurso meritocrático, en el que se afirma que cualquier estudiante meritorio, independiente de su nivel socioeconómico, puede ingresar a la Universidad de Chile, por lo que no sería necesario ni pertinente bajar los puntajes de ingreso.

Respecto a los criterios de admisión, la decisión de la Universidad de Chile de enfocarse solamente en establecimientos municipales también generó una discusión al interior de la institución, en tanto algunos miembros de la comunidad universitaria esgrimían que tanto colegios municipales como particulares subvencionados podrían tener índices similares de vulnerabilidad y nivel de ingresos. La decisión de aceptar exclusivamente postulantes de colegios municipales se habría fundamentado en el rol público de la Universidad de Chile y, por ello, en su responsabilidad de apoyar la educación pública.

En relación al ordenamiento de postulantes, cuando se comenzó a implementar el antecedente directo del SIPEE (los Cupos de Equidad de la FACSO), el Quintil de Ingresos era el criterio de selección más relevante. Sin embargo, en el segundo año de implementación de los Cupos de Equidad se dio prioridad al IVE, a fin de focalizar la admisión al programa en un ranking que midiera de forma más precisa las oportunidades educacionales que habrían tenido los postulantes durante su educación secundaria.

Respecto a las vacantes ofrecidas para la admisión vía SIPEE, aunque la intención inicial del nivel central era que se crearan nuevos cupos en todas las facultades para la admisión de los alumnos a través de este programa, no todas las facultades pudieron reaccionar de la misma manera a esta recomendación. Al comienzo, la intención era ofrecer un mínimo de diez vacantes por carrera, de manera de asegurar que el ingreso de estudiantes SIPEE fuera lo suficientemente significativo como para generar cambios en la institución, pero no todas las carreras pudieron alcanzar ese mínimo. De esta forma, el programa se inició como una iniciativa piloto en 10 programas, y posteriormente se amplió, llegando a 40 programas y más de 400 vacantes.

4.3 Retención

En las experiencias previas al SIPEE, específicamente en los Cupos de Equidad, se realizaron monitoreos, charlas y talleres a los alumnos que ingresaron por esa vía. Más adelante, desde la facultad de Psicología surgió la necesidad de que estas instancias debían expandirse a todos los alumnos que enfrentaban dificultades académicas y no solo a los participantes del programa. Esto estaría en concordancia con la reforma institucional anteriormente aludida.

Como se mencionó previamente, no existen programas específicos de apoyo académico y psicoemocional para los estudiantes que ingresan vía SIPEE a la Universidad de Chile. Lo que sí fue observado por los creadores e implementadores del programa es que estos apoyos se fortalecieron de la mano del SIPEE, ya que este programa habría contribuido a identificar las necesidades financieras, académicas y psicológicas de los estudiantes. Adicionalmente, se han realizado talleres para docentes con el objetivo de que se familiaricen con las nuevas características del cuerpo de estudiantes.

5. EFECTOS OBSERVADOS DEL PROGRAMA SIPEE

A continuación se indaga en los efectos observados del SIPEE de acuerdo a dos de los ámbitos que emergieron en su teoría de programa:

composición del cuerpo de estudiantes y rendimiento académico de los alumnos beneficiados por el programa.

5.1. Cambios en la Postulación y Composición del Cuerpo de Estudiantes de la Universidad de Chile

Con el fin de contar con un panorama general de postulación y admisión de estudiantes de bajo nivel socioeconómico a la Universidad de Chile durante el período en estudio, se presenta la información de la postulación y admisión regular (vía PSU) a la Universidad durante el período 2004-2013 que, aunque no incluye datos sobre la admisión especial de la institución, permite situar el programa SIPEE en un contexto más amplio[35].

Las tendencias de postulación de estudiantes de bajo nivel socioeconómico[36] mediante la vía de admisión regular a la Universidad de Chile en el período 2004-2013 han sido estables, tanto aquellas en primera preferencia como considerando cualquier preferencia. La proporción de estudiantes provenientes de hogares con ingresos menores a \$834.000, egresados de colegios municipales y subvencionados, y con madres sin educación universitaria completa que postula a la Universidad de Chile en cualquier preferencia es de entre un 50% y 65% durante dicho período (ver Figura 2), siendo estas proporciones algo mayores entre quienes postulan en primera preferencia, con valores que fluctúan entre un 55% y 70% (ver Figura 3). Durante el período estudiado, los porcentajes de los distintos grupos se mantienen relativamente estables, con una leve baja en el grupo de estudiantes con ingresos familiares menores a \$834.000 y una pequeña alza en el grupo de quienes egresaron de la enseñanza media de colegios públicos y particulares subvencionados.

---

[35] Si bien esta información longitudinal se mostró en el Capítulo 2, haciendo el énfasis en un análisis comparado entre-instituciones, en esta sección se pone el foco en el análisis intra-institución.

[36] Es importante destacar que la información sobre postulación y admisión es entregada por DEMRE y contiene la variable "educación de la madre", pero los datos entregados por la Universidad de Chile, usados para análisis de matriculados y de rendimiento académico, no contienen dicha variable.

FIGURA 2.
PROPORCIÓN DE POSTULANTES EN CUALQUIER
PREFERENCIA A LA UNIVERSIDAD DE CHILE EN EL PERÍODO
2004-2013, CORRESPONDIENTES A CADA GRUPO DE INTERÉS.

FIGURA 3.
PROPORCIÓN DE POSTULANTES EN PRIMERA PREFERENCIA
A LA UNIVERSIDAD DE CHILE EN EL PERÍODO 2004-2013,
CORRESPONDIENTES A CADA GRUPO DE INTERÉS.

159

La proporción de estudiantes que son seleccionados a la Universidad de Chile y que pertenece a estos tres grupos de interés es un poco más baja que la observada para el cuerpo de postulantes, con una proporción entre un 50% y un 60% (ver Figura 4). La tendencia es relativamente estable durante el período analizado, con un leve aumento en el caso de los estudiantes egresados de colegios municipales y particulares subvencionados y un decrecimiento en la proporción de estudiantes con ingresos familiares menores a $834.000.

FIGURA 4.
PROPORCIÓN DE ESTUDIANTES ADMITIDOS A LA
UNIVERSIDAD DE CHILE EN EL PERÍODO 2004-2013,
CORRESPONDIENTES A CADA GRUPO DE INTERÉS.

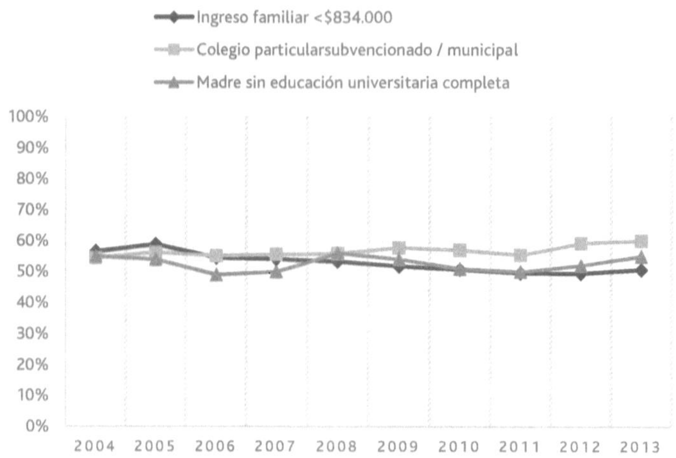

Respecto a la proporción de estudiantes que postula en cualquier preferencia a la Universidad de Chile y que es seleccionado en esta casa de estudios, la tasa de admisión es de alrededor de un 20% para todos los grupos de interés (ver Figura 5[37]).

---

[37] Cabe destacar que las tres líneas de tendencia coinciden en el gráfico, debido al parecido en las proporciones de los tres grupos.

FIGURA 5.
PROPORCIÓN DE ESTUDIANTES QUE POSTULA Y ES ADMITIDO
(TASA DE ADMISIÓN) A LA UNIVERSIDAD DE CHILE EN
CUALQUIER PREFERENCIA EN EL PERÍODO 2004-2013

5.2 Caracterización de los Estudiantes Admitidos vía SIPEE

En comparación con sus pares que ingresan por vía regular a la Universidad de Chile, los estudiantes admitidos vía SIPEE provienen en mayor medida de colegios de dependencia municipal y particular subvencionada, y de hogares con ingresos familiares menores a $834.000. Ahora bien, dada la variabilidad en las carreras que son parte del programa SIPEE, se observa que en algunos programas los estudiantes SIPEE son similares a sus compañeros de carrera en términos de composición socioeconómica (ej. Química y Farmacia, Geografía, etc.), pero en otros, muy distintos (ej. Ingeniería Comercial). Por otra parte, la brecha en el promedio PSU (Lenguaje y Matemática) de los jóvenes SIPEE y quienes no ingresaron por esta vía a sus respectivas carreras también varía de acuerdo a la carrera (ver Tabla 1).

TABLA 1.
ESTADÍSTICOS DEL GRUPO SIPEE EN COMPARACIÓN CON SUS CARRERAS Y LA UNIVERSIDAD DE CHILE (POR COHORTE).

Cohorte/carrera	Dependencia PS y M	Ingresos < $834.000	PSU	N
Cohorte 2010				
Cupos de equidad Antropología	100,00%	100,00%	647,8	2
Antropología	54,72%	43,40%	714,3	53
Cupos de equidad Psicología	100,00%	100,00%	629,1	67
Psicología	56,72%	52,24%	708,0	18
U de Chile	61,37%	57,82%	696,7	5315
Cohorte 2011				
Cupos de equidad Antropología	80,00%	80,00%	655,8	5
Antropología	49,15%	44,07%	711,1	59
Cupos de equidad Psicología	100,00%	100,00%	643,4	79
Psicología	68,35%	67,09%	695,8	5
SIPEE Sociología	100,00%	100,00%	643,4	7
Sociología	46,30%	53,70%	707,1	54
U de Chile	59,29%	54,64%	696,4	5470
Cohorte 2012				
SIPEE Antropología	100,00%	100,00%	655,1	7
Antropología	42,37%	44,07%	721,1	59
SIPEE Psicología	100,00%	100,00%	626,5	20
Psicología	70,59%	58.82%	694,8	85
SIPEE Sociología	100,00%	100,00%	616,8	7
Sociología	50,91%	54,55%	712,9	55
SIPEE Adm. Pública	72,73%	72,73%	620,0	11
Adm. Pública	82,88%	77,48%	673,4	111
SIPEE Derecho	100,00%	100,00%	672,7	10
Derecho	49,49%	42,17%	725,7	396
SIPEE Ingeniería	100,00%	100,00%	675,2	21
Ingeniería	52,61%	42,17%	740,6	728
SIPEE Med. Veterinaria	100,00%	100,00%	605,0	1
Med. Veterinaria	83,33%	71,43%	640,0	210
SIPEE Periodismo	100,00%	100,00%	617,0	3
Periodismo	65,22%	58,70%	656,2	92
SIPEE Ing. en Información	100,00%	100,00%	658,1	3
Ing. en Información	66,03%	58,33%	683,6	156
SIPEE Ing. Comercial	100,00%	100,00%	667,9	21

Ing. Comercial	29,75%	28,25%	721,7	400
U de Chile	60,87%	53,78%	690,6	5530
Cohorte 2013				
SIPEE Ingeniería	100,00%	100,00%	674,0	20
Ingeniería	55,79%	43,25%	745,8	726
SIPEE Bioquímica	100,00%	100,00%	634,5	5
Bioquímica	64,00%	48,00%	684,7	50
SIPEE Enfermería	100,00%	100,00%	623,6	5
Enfermería	77,00%	66,00%	702,6	100
SIPEE Nutrición y dietética	100,00%	100,00%	632,0	5
Nutrición y dietética	86,54%	73,08%	668,4	52
SIPEE Terapia ocupacional	100,00%	100,00%	632,4	5
Terapia ocupacional	69,23%	51,92%	677,5	52
SIPEE Bachillerato	100,00%	100,00%	614,5	9
Bachillerato	63,28%	56,21%	685,2	354
SIPEE Arquitectura	100,00%	100,00%	622,3	11
Arquitectura	50,00%	47,60%	672,8	208
SIPEE Adm. Pública	100,00%	100,00%	624,7	10
Adm. Pública	82,30%	78,76%	679,4	113
SIPEE Periodismo	100,00%	100,00%	628,9	6
Periodismo	57,73%	53,61%	670,0	97
SIPEE Antropología	100,00%	100,00%	650,8	7
Antropología	50,00%	46,15%	711,2	78
SIPEE Ing. Comercial	100,00%	100,00%	670,7	26
Ing. Comercial	30,33%	26,32%	719,6	399
SIPEE Kinesiología	100,00%	100,00%	644,8	4
Kinesiología	63,04%	45,65%	705,2	46
SIPEE Derecho	100,00%	100,00%	679,8	10
Derecho	47,72%	41,88%	724,5	394
SIPEE Psicología	100,00%	100,00%	635,2	14
Psicología	65,12%	59,30%	692,6	86
SIPEE Ing. en Alimentos	100,00%	100,00%	604,6	2
Ing. en Alimentos	87,18%	74,36%	623,8	39
SIPEE Diseño	100,00%	100,00%	605,6	1
Diseño	64,44%	53,33%	647,0	135
SIPEE Tecnología Médica	100,00%	100,00%	635,5	8
Tecnología Médica	90,70%	75,58%	709,5	86
SIPEE Medicina	100,00%	100,00%	684,0	10
Medicina	37,02%	32,04%	786,0	181

SIPEE Historia	100,00%	100,00%	623,4	6
Historia	68,00%	62,00%	684,0	100
SIPEE Sociología	100,00%	100,00%	626,9	6
Sociología	52,24%	55,22%	707,3	67
SIPEE Obstetricia	100,00%	100,00%	617,7	5
Obstetricia	87,64%	76,40%	673,0	89
SIPEE Leng. y Literatura	100,00%	100,00%	625,7	2
Leng. y Literatura	72,38%	74,29%	672,6	105
SIPEE Geografía	100,00%	100,00%	625,8	1
Geografía	82,46%	82,46%	659,2	57
SIPEE Qca. y Farmacia	100,00%	100,00%	619,1	5
Qca. y Farmacia	89,12%	80,95%	657,3	147
SIPEE Odontología	100,00%	100,00%	672,4	5
Odontología	50,00%	49,02%	728,5	102
SIPEE Cine y Tv.	100,00%	100,00%	618,3	1
Cine y Tv.	66,15%	52,31%	664,9	65
SIPEE Fonoaudiología	100,00%	100,00%	624,0	5
Fonoaudiología	73,91%	71,74%	678,2	46
SIPEE Ing. en RRNN	100,00%	100,00%	611,4	2
Ing. en RRNN	64,00%	64,00%	653,3	75
SIPEE Ing. en Información	100,00%	100,00%	658,1	2
Ing. en Información	68,14%	57,52%	687,1	113
Universidad de Chile	60,13%	53,30%	692,7	5493

Ahora bien, como se observa en la Figura 6, en el cuerpo general de estudiantes de la Universidad de Chile la proporción de alumnos matriculados, admitidos tanto por vía ordinaria como por vía especial, provenientes de colegios municipales y particulares subvencionados, se mantiene en torno al 60% durante el período estudiado, con una leve tendencia al alza hacia el final del período. En cambio, se observan proporciones algo menores, y con una leve tendencia a la baja, en el caso de la proporción de estudiantes provenientes de hogares con ingresos familiares menores a $834.000.

FIGURA 6.
PROPORCIÓN DE ESTUDIANTES PROVENIENTES DE GRUPOS
PRIORITARIOS EN LA UNIVERSIDAD DE CHILE*.

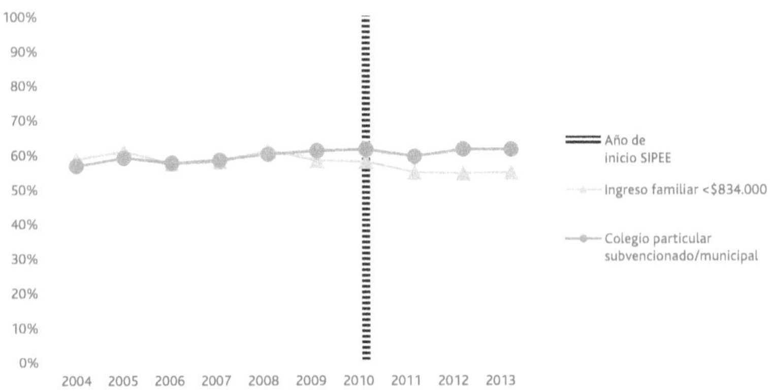

***Se indica como año de seguimiento el inicio de los cupos de equidad.**

5.3 Rendimiento Académico de los Estudiantes Admitidos vía SIPEE

El análisis que compara el promedio anual de notas estandarizado por carrera de los alumnos SIPEE con aquel de alumnos que entraron a las mismas carreras en un rango de puntajes ponderados PSU similares, muestra diferencias que no son estadísticamente significativas (ver Tabla 2). La comparación del promedio anual estandarizado por carrera del grupo SIPEE con aquel de los alumnos que ingresaron a las mismas carreras con un nivel de ingreso similar, indica que los alumnos SIPEE también muestran diferencias que no son estadísticamente significativas (ver Tabla 3).

TABLA 2.

COMPARACIÓN NOTAS ESTANDARIZADAS DEL GRUPO SIPEE UNIVERSIDAD DE CHILE POR COHORTE Y GRUPO DE COMPARACIÓN PUNTAJE PONDERADO PSU.

Cohorte		Año 1		Año 2		Año 3		Año 4	
		SIPEE	No SIPEE	SIPEE	No SIPEE	SIPEE	No SIPEE	SIPEE	No SIPEE
2010	Prom Z	-0,427	-0,427	-0,084	-0,463	-0,448	-0,399	-1,144	0,015
	N alumnos	20	6	19	6	19	6	18	5
	N carreras	2	2	2	2	2	2	2	2
	Delta (No SIPEE-SIPEE)	0,045		-0,379		0,048		1,159	
	Valor p (No SIPEE-SIPEE)	0,633		0,350		0,515		0,919	
2011	Prom Z	-0,337	-0,199	-0,445	0,003	-0,298	0,078		
	N alumnos	35	26	32	23	31	24		
	N carreras	3	3	3	3	3	3		
	Delta (No SIPEE-SIPEE)	0,138		0,448		0,376			
	Valor p (No SIPEE-SIPEE)	0,680		0,916		0,911			
2012	Prom Z	-0,444	-0,233	-0,444	-0,186				
	N alumnos	104	75	93	71				
	N carreras	10	10	10	9				
	Delta (No SIPEE-SIPEE)	0,210		0,258					
	Valor p (No SIPEE-SIPEE)	0,715		0,761					
2013	Prom Z	-0,446	-0,363						
	N alumnos	198	154						
	N carreras	29	29						
	Delta (No SIPEE-SIPEE)	0,084							
	Valor p (No SIPEE-SIPEE)	0,674							
Resumen cohortes	Delta (No SIPEE-SIPEE)	0,094		0,207		0,245		1,159	
	Valor p (No SIPEE-SIPEE)	0,742		0,797		0,725		0,919	

TABLA 3.

COMPARACIÓN NOTAS ESTANDARIZADAS DEL GRUPO SIPEE UNIVERSIDAD DE CHILE COHORTE Y GRUPO DE COMPARACIÓN POR INGRESO FAMILIAR.

Cohorte		Año 1		Año 2		Año 3		Año 4	
		SIPEE	No SIPEE	SIPEE	No SIPEE	SIPEE	No SIPEE	SIPEE	No SIPEE
2010	Prom Z	-0,472	-0,651	-0,084	-0,132	-0,448	-0,501	-1,144	-0,407
	N alumnos	20	20	19	19	19	18	18	17
	N carreras	2	2	2	2	2	2	2	2
	Delta (No SIPEE-SIPEE)	-0,179		-0,048		-0,054		0,736	
	Valor p (No SIPEE-SIPEE)	0,430		0,458		0,442		0,817	
2011	Prom Z	-0,337	0,152	-0,445	0,479	-0,298	-0,025		
	N alumnos	35	35	32	32	31	32		
	N carreras	3	3	3	3	3	3		
	Delta (No SIPEE-SIPEE)	0,489		0,925		0,273			
	Valor p (No SIPEE-SIPEE)	0,948		0,957		0,801			
2012	Prom Z	-0,444	0,304	-0,444	0,195				
	N alumnos	104	104	93	96				
	N carreras	10	10	10	9				
	Delta (No SIPEE-SIPEE)	0,748		0,639					
	Valor p (No SIPEE-SIPEE)	0,967		0,943					
2013	Prom Z	-0,446	-0,048						
	N alumnos	198	198						
	N carreras	29	29						
	Delta (No SIPEE-SIPEE)	0,398							
	Valor p (No SIPEE-SIPEE)	0,995							
Resumen cohortes	Delta (No SIPEE-SIPEE)	0,458		0,601		0,142		0,736	
	Valor p (No SIPEE-SIPEE)	0,999		0,985		0,730		0,817	

En relación a la persistencia, definida de manera anual y que exige que el alumno tenga notas en al menos un curso anual o en un curso semestral tanto el primer como el segundo semestre, no se observan diferencias estadísticamente significativas entre el grupo de alumnos SIPEE y sus grupos de comparación definidos, ya sea por su rango de puntaje PSU o por su un nivel de ingreso familiar similar (ver Tablas 4 y 5). Cabe destacar que las tasas de persistencia tanto del grupo SIPEE como del grupo de comparación son altas, superando en general el 80%.

TABLA 4.
COMPARACIÓN PERSISTENCIA SEMESTRAL DEL GRUPO SIPEE POR COHORTE Y GRUPO DE COMPARACIÓN POR PUNTAJE PONDERADO.

Cohorte	Año 1		Año 2		Año 3		Año 4	
	SIPEE	No SIPEE	SIPEE	No SIPEE	SIPEE	No SIPEE	SIPEE	No SIPEE
2010	95,0%	100,0%	95,0%	100,0%	95,0%	100,0%	90,0%	83,3%
	19_a	6_a	19_a	6_a	19_a	6_a	18_a	5_a
2011	94,3%	100,0%	88,6%	88,5%	85,7%	88,5%		
	33_a	26_a	321_a	23_a	30_a	23_a		
2012	87,5%	84,0%	78,8%	80,0%				
	91_a	63_a	82_a	60_a				
2013	96,5%	94,8%						
	191_a	146_a						

a Letras de subíndice iguales indican categorías cuyas proporciones de columna no difieren significativamente entre sí en el nivel ,05.
b Letras de subíndice diferentes indican categorías cuyas proporciones de columna sí difieren significativamente entre sí en el nivel ,05.

TABLA 5.
COMPARACIÓN PERSISTENCIA SEMESTRAL DEL GRUPO SIPEE POR COHORTE Y GRUPO DE COMPARACIÓN POR INGRESO FAMILIAR.

Cohorte	Año 1		Año 2		Año 3		Año 4	
	SIPEE	No SIPEE	SIPEE	No SIPEE	SIPEE	No SIPEE	SIPEE	No SIPEE
2010	95,0%	90,0%	95,0%	85,0%	95,0%	80,0%	90,0%	75,0%
	19_a	18_a	19_a	17_a	19_a	16_a	18_a	15_a
2011	94,3%	100,0%	91,4%	94,3%	88,6%	94,3%		
	33_a	35_a	32_a	33_a	31_a	33_a		

2012	87,5%	87,5%	78,8%	80,8%
	91_a	91_a	82_a	84_a
2013	96,5%	100,0%		
	191_a	198_a		

a Letras de subíndice iguales indican categorías cuyas proporciones de columna no difieren significativamente entre sí en el nivel ,05.
b Letras de subíndice diferentes indican categorías cuyas proporciones de columna sí difieren significativamente entre sí en el nivel ,05.

5.4 Efectos Percibidos del Programa SIPEE

Respecto a los efectos percibidos por los creadores e implementadores del SIPEE, existen algunas impresiones relacionadas con los niveles de persistencia; en particular, que estos serían altos: uno de los entrevistados sostiene que en 2012 habrían desertado 6 estudiantes de un total de 104, y al año siguiente lo habrían hecho alrededor de 15 de un total de 200. Estas cifras se condicen con los resultados presentados en la sección anterior, reportando tasas de persistencia superiores al 80%, tanto para el grupo beneficiado por el SIPEE como para sus pares comparables.

Por otro lado, los creadores e implementadores del programa reportan que, comparativamente, los alumnos que participan de las tutorías obtienen mejores notas que los que no lo hacen, e incluso que quienes asisten a remediales (cursos de materias específicas, no focalizados en necesidades individuales de los estudiantes). En relación a los talleres dirigidos a profesores para abordar la creciente diversidad en el cuerpo de estudiantes, los efectos percibidos han sido más bien discretos y refieren principalmente a explicitar la disposición de los profesores ante este nuevo escenario:

"(…) entonces, lo más que tú logras es ver la disposición que tienen estos académicos de primer año de acoger o no la diversidad, cuáles son los temores, cuáles son las dificultades, pero no hemos avanzado mucho más así en términos grupales". Entrevistado(a), Programa SIPEE Universidad de Chile, año 2014.

6. CONCLUSIÓNES SOBRE EL DISEÑO, IMPLEMENTACIÓN Y RESULTADOS DEL PROGRAMA SIPEE

En este capítulo se ha intentado caracterizar el origen, diseño, implementación y resultados observados del programa SIPEE en la Universidad de Chile. Ligado a experiencias anteriores dentro de la misma casa de estudios (Cupos de Equidad de la Facultad de Ciencias Sociales), el programa ha hecho un esfuerzo por compatibilizar su interés por una mayor equidad en la educación superior desde su rol de universidad pública y selectiva. Esto se ha reflejado en los criterios de admisión establecidos por el programa -enfocados en capturar jóvenes talentosos de entornos vulnerables-, pero también en la discusión y recepción, en algunos casos negativa, que dichos criterios tuvieron dentro de la comunidad universitaria.

A diferencia del programa Propedéutico revisado en el capítulo 5, el SIPEE mantiene un foco menos intensivo en la etapa de reclutamiento y en los esfuerzos de retención, apostando principalmente al acceso de grupos de estudiantes que estaban siendo excluidos de la Universidad de Chile mediante su vía de admisión regular. No obstante, el interés por el éxito académico y posterior inserción laboral de estudiantes de bajo nivel socioeconómico que ingresan a la Universidad de Chile, son aspectos que, a partir de la implementación del SIPEE, están siendo cada vez más considerados dentro la Universidad, enfocados no solo en estudiantes admitidos por este programa sino en cualquier estudiante que ingrese a la institución proviniendo de un contexto desaventajado.

En términos de los resultados observados del programa en el nivel institucional, los indicadores dan sustento al objetivo de admitir estudiantes con menor nivel socioeconómico que el perfil usual de alumnos de la Universidad de Chile, aunque con variaciones según carrera. Por otro lado, el porcentaje de estudiantes de grupos prioritarios que se matriculan en la institución se ha mantenido relativamente estable en el tiempo y no ha sufrido variaciones importantes luego de la implementación del programa, al menos durante el período estudiado, situación que podría cambiar en años posteriores, debido al aumento significativo del número de vacantes en años más recientes. Finalmente, la gran diversidad de carreras en las que el programa está presente dentro de la institución hace que los resultados en términos de rendimiento académico no sigan una tendencia clara; no obstante, el puntaje mínimo de 600 puntos PSU (o 650 en algunas carreras) pareciera estar asegurando un rendimiento académico de los estudiantes del SIPEE que no se distingue sustancialmente del de sus pares.

Siguiendo los mismos lineamientos usados en este capítulo, en el capítulo 7 se presenta el análisis correspondiente al programa Talento e Inclusión.

CAPÍTULO 7

TALENTO E INCLUSIÓN: TEORÍA DE PROGRAMA, IMPLEMENTACIÓN Y RESULTADOS

En este capítulo se presentan los antecedentes, la teoría de programa y los resultados observados del programa Talento e Inclusión de la Pontificia Universidad Católica de Chile. Se comienza describiendo el diagnóstico y los supuestos sobre los cuales surgió dicha iniciativa. Posteriormente se detallan sus objetivos a nivel individual, institucional y social, y se indaga en las principales características del reclutamiento, admisión y retención de los estudiantes participantes de este programa de admisión. Esta información se complementa con antecedentes sobre su implementación en la Universidad Católica. Finalmente, se presentan algunas mediciones preliminares de sus efectos sobre la composición del alumnado y el rendimiento académico de los alumos beneficiados por este programa en la institución.

1. ORIGEN Y ANTECEDENTES DEL PROGRAMA TALENTO E INCLUSIÓN

El antecedente directo del programa Talento e Inclusión es el programa homónimo que comenzó en la Facultad de Ingeniería de la Pontificia Universidad Católica de Chile en 2010 (admisión 2011). Ese año, el desarrollo de un programa de inclusión a nivel universitario habría comenzado a emerger como una alternativa al estar en la agenda del comité de búsqueda para el proceso de elección de rector de la universidad; tras su elección, el proyecto habría sido recogido por la Dirección Superior a través del Plan de Desarrollo de la Universidad para el periodo 2010-2015.

Los creadores e implementadores del programa Talento e Inclusión destacan que los liderazgos personales de este periodo de gobierno universitario habrían sido centrales para la instalación del programa, especialmente el del decano de la Facultad de Ingeniería de ese entonces y su conocimiento de programas de acceso internacionales, así como el del rector, por el apoyo brindado a este:

"(El Decano) da ese impulso y encuentra absoluta acogida en el Rector que apoya eso, que es una cuestión que cuesta plata, lo apoya fuertemente, y después el Rector (...) ha insistido. O sea esta cuestión tiene sello de personas, esa es mi impresión (...) aquí hay un salto que se produce con liderazgos personales, yo lo atribuyo a este Decano". Entrevistado(a), Programa Talento e Inclusión Pontificia Universidad Católica de Chile, año 2014.

En sus inicios en Ingeniería, se analizaron los criterios de selección utilizados en Harvard y en el MIT, con el objetivo de contar con experiencias de referencia para seleccionar, con criterios objetivos, a los postulantes que ingresarían a la Universidad Católica a través de Talento e Inclusión. Para el equipo era importante que el mecanismo de acceso ofreciera cupos, no solo por nivel socioeconómico del estudiante, sino que también considerando medidas de talento académico.

A partir de este primer impulso en la Facultad de Ingeniería, la discusión se habría instalado en sesiones del Consejo Superior de la universidad, al que asisten representantes de todas las facultades, incluyendo decanos, académicos y alumnos; luego, se habrían realizado reuniones con aquellas unidades académicas en las que había una menor participación de estudiantes provenientes del sector de educación escolar público. Tras su comienzo en 2011 en la Facultad de Ingeniería, en 2012 se integra Derecho al programa:

"(...) son unidades que se incorporan rápidamente porque dentro de sus equipos de trabajo los decanos tenían personas que estaban muy involucradas con estos proyectos. Y en ese sentido se constituyeron bastante autónomos". Entrevistado(a), Programa Talento e Inclusión Pontificia Universidad Católica de Chile, año 2014.

La tercera unidad en integrarse fue el College y luego se incorporaron otras carreras, de manera que en 2013 ya eran ocho carreras participantes, con Ingeniería liderando el proceso administrativo para todas.

Dada esta ampliación del programa, en 2013 se genera una nueva unidad a cargo de la coordinación de las políticas de inclusión de la Universidad, teniendo como una de sus principales labores institucionalizar el programa Talento e Inclusión. Desde este momento, la definición de las estrategias de selección (pruebas, entrevistas, etc.), así como de los apoyos a los estudiantes, ha estado a cargo principalmente de cada carrera y facultad, mientras que la Unidad Central se encarga de entregarles soporte y apoyo en este proceso.

2. DIAGNÓSTICO Y SUPUESTOS DEL PROGRAMA TALENTO E INCLUSIÓN

Según sus creadores e implementadores, el programa Talento e Inclusión se fundamenta en tres diagnósticos. Por una parte, la existencia de una educación escolar pública de calidad deficiente; por otra, la ausencia de instrumentos de selección universitaria sin brechas socioeconómicas; un tercer diagnóstico refiere a la homogeneidad del perfil del alumnado de las carreras de la UC:

"Su razón (de las carreras) de entrar al programa tenía que ver con una homogeneización de su perfil de estudiantes. Eran estudiantes que ingresaban de muy pocos colegios y de colegios particulares pagados en un 80, 90%, entonces la diferencia se quería marcar ahí. Esa fue la razón por la cual comenzamos a focalizar más el programa". Entrevistado(a), Programa Talento e Inclusión Pontificia Universidad Católica de Chile, año 2014.

Esta concentración del cuerpo de estudiantes en un segmento específico (estudiantes de colegios particulares pagados) habría sido interpretado como un sinónimo de que la Universidad estaba perdiendo estudiantes talentosos provenientes de otros grupos socioeconómicos. En este contexto, el programa buscó introducir mecanismos de admisión con menores brechas socioeconómicas. Al mismo tiempo, se buscaba asegurar la admisión de estudiantes que tuviesen un rendimiento académico destacado durante su enseñanza media pero que, por deficiencias en sus establecimientos, no lograron un buen puntaje en las pruebas de selección universitaria. El supuesto era que podía haber otras herramientas para predecir el éxito universitario, como el ranking de notas de enseñanza media, uno de los principales requisitos de postulación del programa.

3. TEORÍA DE PROGRAMA DE TALENTO E INCLUSIÓN

La teoría de programa de Talento e Inclusión describe sus objetivos en el nivel social, institucional e individual, junto con los componentes y actividades que contribuirían a la consecución de dichos objetivos. La Figura 1 sintetiza los objetivos, componentes y actividades del programa Talento e Inclusión.

FIGURA 1.
TEORÍA DE PROGRAMA T+I

COMPONENTES	ACTIVIDADES	EFECTOS INSTITUCIONALES ANTICIPADOS Y DESEADOS	CONSECUENCIAS SISTÉMICAS DESEADAS
RECLUTAMIENTO	Base con datos de escuelas objetivo + mails, visitas de ex-estudiantes a colegios, reuniones con orientadores, contacto a través de preuniversitarios + ferias + afiches y volantes.		

COMPONENTES	ACTIVIDADES	EFECTOS INSTITUCIONALES ANTICIPADOS Y DESEADOS	CONSECUENCIAS SISTÉMICAS DESEADAS
ADMISIÓN (por aumento de cupos supernumerarios)	Postulación: Pre-inscripción/Postulación (entrega de antecedentes vía web) + Pruebas especiales y entrevistas. Preselección de estudiantes, según cumplimiento de: - Ser del 10% superior del curso. - Haber estudiado en colegios municipales y particulares subvencionados. Selección de estudiantes, según: - Desempeño en las pruebas /entrevistas especiales. Apoyo financiero complementario a becas MINEDUC, para financiar el arancel (solo si se asigna beca estatal).	Captar talentos hasta ahora no incluidos en la UC (para asegurar el ingreso de jóvenes meritorios/talentosos de cualquier condición económica). Aumentar las tasas de jóvenes usualmente excluidos de la Universidad Católica y que han demostrado tener un rendimiento destacado en su contexto.	Elevar las expectativas educacionales de los estudiantes de la educación secundaria (y, con ello, la calidad de la educación secundaria).
PERSISTENCIA / GRADUACIÓN / INSERCIÓN	Estrategias diferenciadas según carrera, tales como: - Nivelación (escuela de verano). - Tests de diagnóstico temprano. - Tutorías de estudiantes. - Ayudantías y clases especiales. - Entrevistas psicológicas de diagnóstico.	Fomentar la permanencia de los participantes a través de una buena experiencia universitaria . Asegurar la excelencia académica mediante la diversidad que genera la inclusión de alumnos talentosos desaventajados socioeconómicamente.	Contribuir a revertir la situación desventajosa de los jóvenes de colegios subvencionados y municipales, mediante un mejor acceso a oportunidades sociales. Proveer a la sociedad de mejores profesionales.

3.1 Objetivos del Programa Talento e Inclusión

3.1.1 Objetivos a Nivel Individual (del Estudiante)

El programa Talento e Inclusión tiene como objetivo primordial permitir el acceso a la Universidad Católica de jóvenes meritorios o talentosos sin importar su condición económica. De esta manera, se espera mejorar las oportunidades de este tipo de estudiantes que provienen de contextos desaventajados y, con ello, compensar su situación de desventaja social y académica:

3.1.2 Objetivos a Nivel Institucional

Ligado al objetivo de permitir el acceso de estudiantes destacados provenientes de entornos socioeconómicos desaventajados, se destaca un objetivo a nivel institucional del programa Talento e Inclusión, a saber, aumentar las tasas de admisión de jóvenes usualmente excluidos de la Universidad Católica y que han demostrado tener un rendimiento destacado en su contexto educativo de origen. Junto con el acceso, se habría planteado como segundo objetivo promover el éxito académico de los estudiantes que ingresan a través de esta vía. En este sentido, los creadores e implementadores del programa destacan que no bastaría con promover el ingreso de estos alumnos si es que la institución no puede asegurar posibilidades reales de que persistan en sus estudios.

"Y sin poner tampoco en riesgo la permanencia de estos estudiantes en nuestra universidad. La Universidad Católica se reconoce como una institución altamente selectiva pero también con altos niveles de exigencia en sus programas en general, entonces la necesidad de contar con algunos indicadores que nos den la tranquilidad que no estamos haciendo una promesa que no sea posible de cumplir a futuro, son relevantes". Entrevistado(a), Programa Talento e Inclusión Pontificia Universidad Católica de Chile, año 2014.

Un tercer objetivo dice relación con la importancia de asegurar la calidad académica de la institución mediante la inclusión de alumnos talentosos que, por condiciones externas a ellos, no logran los puntajes PSU necesarios para entrar a la institución por vía regular. En una línea similar, es posible identificar un cuarto objetivo a nivel institucional, que es asegurar la excelencia académica mediante la diversidad que genera la inclusión de alumnos talentosos de entornos desaventajados. Esto estaría ligado al reconocimiento de los efectos positivos que genera la diversidad en las instituciones, tanto para aquellos estudiantes que ingresan por vía especial como para los que lo hacen por vía ordinaria. Así, se espera que dicha diversidad mejore la experiencia universitaria y, a través de ello, también fomente la permanencia de los participantes del programa.

3.1.3 Objetivos a Nivel Social

Un primer objetivo a nivel social se vincula con el propósito de mejorar la experiencia universitaria mediante la interacción entre sujetos diversos socioeconómicamente. Esto, en último término, permitiría a la UC proveer a la sociedad de mejores profesionales.

Un segundo objetivo a nivel social es el interés por generar un cambio en el sistema de educación secundario elevando las expectativas educacionales de los estudiantes: al hacerse conocido el programa, aquellos jóvenes que estudian en colegios en los cuales los egresados tradicionalmente no ingresan a la Universidad Católica, comenzarían a pensar que esto es una opción viable para ellos.

"(…) Yo creo que ahí hay una cosa importante en términos de la señal que se le manda al sistema, se les manda a los alumnos que pueden acceder a la universidad a través de este tipo de programas especiales". Entrevistado(a), Programa Talento e Inclusión Pontificia Universidad Católica de Chile, año 2014.

3.2 Componentes y Actividades del Programa Talento e Inclusión

El programa Talento e Inclusión intenta lograr los objetivos enunciados en los párrafos anteriores a partir de los siguientes componentes y actividades. En primer lugar, se describirá el componente de reclutamiento, para luego exponer las actividades asociadas a la admisión y retención de alumnos.

3.2.1 Reclutamiento

En particular, el contacto con los establecimientos se realiza directamente mediante correos electrónicos de parte del Rector a sus directores, pero también mediante el contacto con sus orientadores. El segundo año de implementación, se organizaron desayunos con miembros de los establecimientos, con el fin de mostrarles los resultados del programa, actividad que se espera repetir. Asimismo, se han organizado seminarios sobre temáticas específicas que son de interés de los orientadores, de manera de generar un acercamiento a este grupo de profesionales que, como observan los creadores e implementadores del programa, juega un rol crucial en las expectativas educacionales y comportamiento de postulación de los estudiantes, especialmente en los establecimientos educacionales municipales y particulares subvencionados. También se han implementado estrategias de reclutamiento a través de preuniversitarios, los que serían especialmente relevantes para alcanzar a la población de distintas regiones de Chile. Junto a lo anterior, la Escuela de Ingeniería tiene un programa denominado "embajadores", que consiste en que alumnos de Ingeniería visitan los colegios, y dentro de ese grupo está el "equipo de embajadores Talento", conformado por estudiantes que ingresaron a su carrera mediante esta vía, cuya función principal es contar su propia experiencia en el programa.

Entre otras medidas, se puso un banner en la página del DEMRE que dirige al sitio web de Talento e Inclusión; este banner aparecía cuando los jóvenes ingresaban a ver sus puntajes PSU. Además, el programa hace uso de otras iniciativas de reclutamiento masivo ya presentes en la universidad, como las ferias escolares, que tienen cobertura en las distintas regiones del país. En un inicio, la mayoría de estas estrategias de difusión eran coordinadas y gestionadas por cada facultad, pero desde 2013 se realizan de manera centralizada. Ese mismo año se incluyó en la base de datos de contactos la información de alrededor de 2.400 colegios de los que ningún estudiante había ingresado a la Universidad Católica en los últimos ocho años y que presentaban buenos indicadores de gestión académica. La idea era incluir a estos establecimientos en la difusión y presentarles al programa Talento e Inclusión, focalizándose en los colegios municipales y particulares subvencionados.

3.2.2 Admisión (Preselección y Selección)

Un primer criterio de admisión de Talento e Inclusión es pertenecer a los primeros cuatro quintiles de ingreso per cápita, requisito enlazado con el objetivo de incluir jóvenes que usualmente no ingresan a la Universidad Católica. Un segundo criterio es el tipo de dependencia del establecimiento escolar de procedencia: en un inicio se aceptaron postulantes de colegios particulares pagados, bajo el supuesto que en este sector podía haber estudiantes becados y por lo tanto provenir de un nivel socioeconómico bajo; sin embargo, se observó que esta era una situación aislada y se decidió restringir la postulación a colegios municipales y particulares subvencionados, debido también a las ventajas que, independiente de su origen, encontrarían los estudiantes que cursan su enseñanza media en los colegios particulares pagados.

Un tercer criterio de admisión es que los estudiantes pertenezcan al 10% superior del ranking de notas de su promoción (de 1° a 3° medio), al ser considerado este un indicador de talento y mérito académico, así como también, un buen predictor de la permanencia en la universidad. Para los creadores e implementadores de este programa, el ranking viene a responder a la necesidad de contar con mecanismos alternativos de selección que permitan descubrir alumnos talentosos y con la capacidad de permanecer en una institución altamente exigente, como es la Universidad Católica.

En este sentido, se evidencia un resguardo para evitar seleccionar a estudiantes que no puedan "estar a la altura" en términos académicos, lo que se relaciona con la importancia que el programa da a la confección de instrumentos de selección adecuados. Finalmente, se considera el puntaje PSU, cuyo uso es definido por cada carrera: hay algunas que consideran el puntaje PSU dentro de la ponderación del puntaje del postulante, mientras que otras solo lo consideran como un piso mínimo a cumplir por los postulantes (por ejemplo, en la Escuela de Psicología).

En relación a los pasos que deben seguir los estudiantes para postular al programa, el primero es la pre-inscripción online, momento en el que los alumnos interesados deben certificar, a través de su director, que están dentro del 10% de mejor ranking de notas de su establecimiento. Los alumnos también completan un formulario de antecedentes socioeconómicos (el mismo que completan todos los estudiantes para acceder a los beneficios de la Universidad y del Estado) y proveen los antecedentes de respaldo que requiera la dirección de asistencia socioeconómica de la Universidad para determinar su quintil de ingreso socioeconómico. En 2013 se podían especificar tres preferencias de carrera, pero desde 2014 la Vicerrectoría Académica solo permite dos, a fin de simplificar el proceso de selección. Hasta 2014, la información de postulación se enviaba por correo electrónico, pero desde este año opera una plataforma para hacer más expedito el proceso. Este proceso funciona a nivel centralizado, de manera que es la Universidad la que recibe las postulaciones y ordena los antecedentes; luego los deriva a las respectivas unidades académicas para los procesos específicos de selección que cada una de ellas realiza.

Un segundo paso lo constituyen las pruebas especiales y entrevistas que cada carrera realiza de acuerdo a los atributos que busca evaluar en los postulantes. Una vez que los resultados de la PSU están disponibles, en algunas carreras estos se ponderan con los resultados de las pruebas especiales. La unidad de admisión central de la Universidad se encarga de realizar este proceso de selección, en función de los criterios y vacantes que cada facultad ha informado. La cantidad de vacantes disponibles se define en cada unidad académica, tratándose en general de vacantes adicionales a las disponibles por admisión ordinaria. Por ejemplo, en el caso de Ingeniería, se dispone de cerca de 50 vacantes (de un total de 700 en toda la carrera).

3.2.3 Retención

La retención se vincula en primer lugar, según los creadores e implementadores del programa, con la existencia de mecanismos de selección adecuados que aseguren que los estudiantes puedan permanecer en la universidad. En segundo lugar, existen apoyos y acompañamientos durante la carrera que promueven tanto la nivelación como la integración de los estudiantes que ingresan mediante Talento e Inclusión a la vida universitaria. Las redes "son un factor protector que consideramos esencial para la permanencia del estudiante en la institución". En lo concreto, se destaca la existencia de apoyos académicos y apoyos psicosociales que no existen de manera centralizada, sino que se desarrollan según la iniciativa y las posibilidades de cada carrera.

Entre los apoyos académicos entregados por algunas unidades, se cuentan los tests de diagnóstico temprano, utilizados para detectar cuáles son los déficits que traen los estudiantes en su formación. También se hacen nivelaciones en las temporadas académicas de verano, financiadas por la Universidad, las que tienen por objeto nivelar las carencias de los estudiantes que ingresan mediante el programa, a fin de que estos tengan un ingreso a la educación universitaria lo más armónico posible. Adicionalmente, algunos entrevistados destacan que se han hecho ayudantías y clases especiales, en el caso de que los estudiantes hayan tenido un mal rendimiento durante la carrera, siendo abiertas a todos los estudiantes, no solo a los admitidos vía Talento e Inclusión. Además, las carreras derivan a los jóvenes que requieran de un apoyo académico extra al Centro de Apoyo al Rendimiento Académico (CARA), unidad que funciona a nivel central de la Universidad.

Tomando el caso particular de la Facultad de Ingeniería, donde se inició el programa, se hacen "tutorías de acompañamiento", las cuales son consideradas tanto como apoyo académico como psicológico, al entregar un soporte afectivo necesario para que los alumnos admitidos puedan desempeñarse en un ambiente de alta exigencia académica. El rol de los tutores es acompañar a los alumnos ingresados vía Talento e Inclusión e ir levantando alertas tempranas en relación a posibles dificultades académicas o psicosociales que estos tengan. Otra estrategia de apoyo psicosocial implementada en esta facultad son entrevistas realizadas por la psicóloga en el periodo de la nivelación, mediante cuyo análisis se construye un perfil del alumno para identificar cuáles son sus debilidades y necesidades. Del mismo modo, y al igual que como ocurre con la totalidad de los estudiantes, la psicóloga de la Escuela se encarga de detectar posibles problemas en los alumnos y de derivarlos al sistema de salud central.

Una última arista relacionada a la retención es el financiamiento, el cual consiste fundamentalmente en las becas del MINEDUC y una beca complementaria que entrega la Universidad para cubrir la parte del arancel que no cubre la beca estatal. En un primer momento, esta beca se orientó a estudiantes que ingresaran por vías especiales (BEA y Talento e Inclusión) del primer quintil de ingresos; luego se expandió al segundo quintil y, finalmente, al tercero. Estas becas complementarias se supeditan a la obtención de un financiamiento base a través del MINEDUC. Este apoyo adicional de parte de la Universidad es considerado como un esfuerzo institucional muy relevante, bajo el entendido de que la ausencia de un financiamiento completo limita la postulación de los estudiantes que son el grupo objetivo del programa.

4. IMPLEMENTACIÓN DEL PROGRAMA TALENTO E INCLUSIÓN

Una vez presentada la teoría de programa de Talento e Inclusión, incluyendo sus componentes y actividades, se describen algunas de las implicancias prácticas de la implementación de este programa en la Universidad Católica, organizadas según los componentes descritos anteriormente. Los temas abordados en esta sección se describen de acuerdo a lo reportado por los entrevistados y documentos analizados.

4.1 Reclutamiento

La estrategia de reclutamiento del programa ha tendido a fusionarse con la estrategia de reclutamiento institucional, compartiendo la mayoría de sus actividades. No obstante, existe un sello propio de cada Facultad, que entrega insumos y actividades específicas a la labor de reclutamiento. En su conjunto, tanto aquellas actividades que se desarrollan a nivel central como aquellas particulares de cada facultad recurren a las capacidades ya instaladas dentro de la Universidad en sus distintos niveles.

Para algunos de los creadores e implementadores del programa es necesario realizar algunos cambios en estas estrategias de reclutamiento para llegar a más colegios y mejores postulantes. Esto se lograría, entre otras cosas, anticipando el proceso de postulación y mejorando la forma en que se está comunicando la existencia del programa, incluyendo una mayor claridad en la descripción de sus características.

4.2 Admisión

La exigencia a los postulantes de especificar las carreras a las que postularían mediante T+I obedeció a un aprendizaje de lo que sucedió al inicio del programa, cuando al no solicitarse preferencias, estos pasaban a un terreno común en que cada unidad académica competía por capturar a los mejores postulantes.

La especificidad de los instrumentos de admisión en cada unidad académica es considerada fundamental, en tanto el objetivo de dichos instrumentos es identificar habilidades relevantes para cada programa. Por ejemplo, la Escuela de Ingeniería implementa el TEDIB (Test de Inteligencia administrado por MIDE UC) y, desde 2013, entrevistas y también un formulario diseñado por la Fundación Equitas que entrega información cualitativa sobre los alumnos, en aspectos como liderazgo y creatividad. La introducción de este último habría obedecido a la necesidad de "enriquecer la mirada respecto al alumno que estábamos recibiendo (...), qué características más personales, intereses, habilidades blandas puede tener este alumno". Una vez sistematizados estos expedientes, se forman comités con profesores de la Escuela que tienen que revisar y seleccionar a los alumnos a partir de una metodología también conducida por la Fundación Equitas. Estos comités, así como las entrevistas a postulantes, favorecerían un mayor involucramiento de los docentes con el programa. Existen otras unidades académicas, como Derecho y Medicina, que también han implementado el TEDIB. El College también lo aplica, además del formulario de Equitas y otra prueba llamada FIT (Prueba de Integridad de la Formación).

Entre los entrevistados hay quienes se muestran más críticos a la diversidad de instrumentos de ingreso en cada unidad académica, en tanto ello sería reflejo de que no se ha logrado llegar a un consenso respecto de cuáles son los mejores instrumentos para seleccionar a quienes serán admitidos mediante el programa. Esto implica, en último término, que los estudiantes que postulan a distintas carreras a través del programa deben someterse a una variedad de distintas pruebas.

Los costos asociados a estos procesos de selección generan ciertas resistencias dentro de algunas facultades. En este contexto, se está gestionando la implementación de un instrumento de selección basal al programa, provisto por la Universidad y que opere como herramienta disponible para todas las unidades académicas, aunque manteniendo la autonomía de cada facultad para aplicar otras evaluaciones.

4.3 Retención

En relación a las estrategias de retención con que cuenta el programa, se destaca el desafío de generar mecanismos que favorezcan una integración social efectiva, en la que los estudiantes que ingresan por vía ordinaria también puedan aprender de sus pares que lo hacen a través de Talento e Inclusión. En el caso de lo declarado para la Facultad de Ingeniería en específico, la existencia de mecanismos de seguimiento a los estudiantes de Talento e Inclusión, especialmente después del primer año de carrera, permitiría facilitar la focalización de los apoyos a los estudiantes. En la misma línea, ya se está haciendo un intento, a nivel de central, por institucionalizar y homogeneizar ciertos programas de acompañamiento, principalmente asociados a la nivelación académica, pero que podrían tener un efecto en el seguimiento a los estudiantes.

Algunas de las resistencias de parte de las unidades académicas de la Universidad a implementar el programa referirían a limitaciones de recursos para llevar a cabo algunas actividades relacionadas con la retención, en cuanto requieren un mayor esfuerzo por parte de las unidades académicas. No obstante, con el paso del tiempo, se habría generado un aumento en el compromiso institucional con el programa, atribuido a que las distintas unidades académicas verían los frutos de dichas intervenciones: "ven cómo llegaron (los alumnos), el proceso que han tenido ahora, el crecimiento que han tenido al interior de la universidad".

5. EFECTOS DEL PROGRAMA TALENTO E INCLUSIÓN

En esta sección se describen los efectos observados del programa en lo referente a sus objetivos esperados, en particular, el perfil socioacadémico de los estudiantes admitidos, el cambio en la proporción de grupos de bajo nivel socioeconómico que se matricula en la UC posterior a la implementación de Talento e Inclusión, y las notas y persistencia de los estudiantes del programa en comparación con estudiantes comparables que ingresan mediante vía regular a sus respectivas carreras.

5.1 Efectos Observados del Programa Talento e Inclusión

5.1.1 Cambios en la Postulación y Composición del Cuerpo de Estudiantes de la Universidad Católica

Antes de pasar a los datos de matrícula en la institución, se describen brevemente las tendencias en la proporción de estudiantes de menor nivel socioecónomico tanto en el cuerpo de postulantes como de seleccionados a la Universidad Católica mediante admisión regular durante el período 2004-2013[38]. Esta información no incluye a los postulantes de la admisión especial (que incluye a Talento e Inclusión). No obstante, permite un panorama general de la situación de la Universidad Católica en relación a sus postulantes y admitidos.

En relación a los postulantes en cualquier preferencia a la Universidad Católica, aunque se observó un alza durante la primera mitad de la serie (hasta 2007) para quienes provenían de colegios municipales o particulares subvencionados y contaban con un ingreso familiar menor a $834.000, las proporciones de los tres grupos de interés se mantuvieron similares entre el inicio y el final del período estudiado, con proporciones que fluctúan entre un 45% y un 60% (ver Figura 2). En el caso de los postulantes en primera preferencia a la UC, estas proporciones fueron un poco más bajas que las de postulantes en cualquier preferencia, con valores entre un 30% y un 50% durante el período estudiado, con un alza durante el período 2005-2007 que no se mantuvo hacia finales del período de estudio.

FIGURA 2.
PROPORCIÓN DE POSTULANTES, EN CUALQUIER PREFERENCIA A LA UC EN EL PERÍODO 2004-2013, CORRESPONDIENTES A CADA GRUPO.

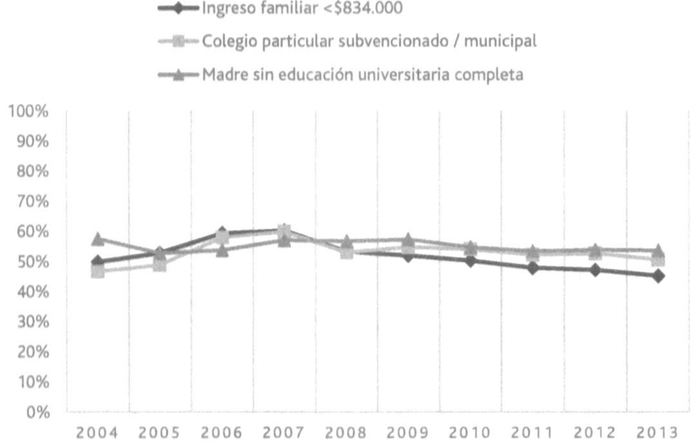

---

[38]   Si bien esta información longitudinal se mostró en el capítulo 2 haciendo el énfasis en un análisis comparado entre-instituciones, en esta sección se pone el foco en el análisis intra-institución.

FIGURA 3.
PROPORCIÓN DE POSTULANTES, EN PRIMERA PREFERENCIA A LA UC EN EL PERÍODO 2004-2013, CORRESPONDIENTES A CADA GRUPO.

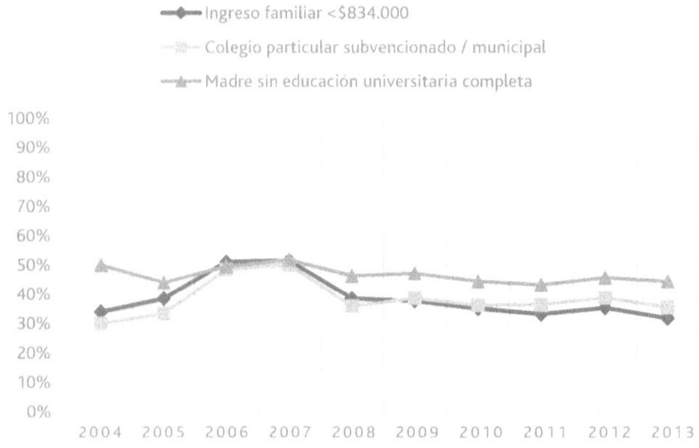

En relación a la proporción de alumnos admitidos a la Universidad Católica que pertenecen a cada uno de los tres grupos de bajo nivel socioeconómico estudiados, esta se mantiene relativamente estable en el período estudiado, con valores entre un 25% (para estudiantes de colegio particulares subvencionados y municipales) y un 40% (para estudiantes con madres sin educación universitaria completa); en este último caso, es posible ver una leve tendencia a la baja en el período estudiado (ver Figura 4).

FIGURA 4.
PROPORCIÓN DE ADMITIDOS A LA UC EN EL PERÍODO 2004-2013 CORRESPONDIENTE A CADA GRUPO.

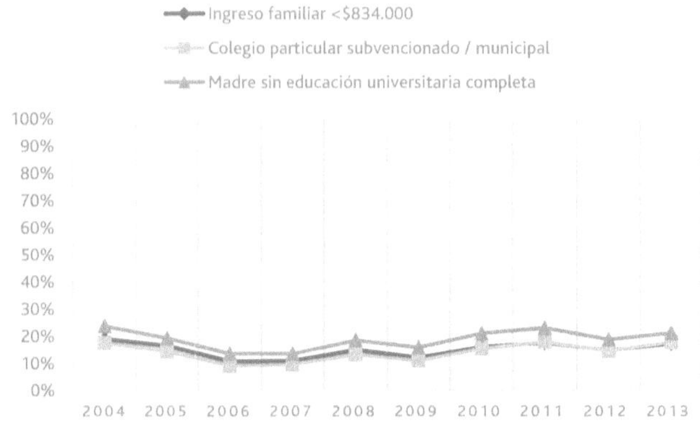

Ahora bien, la proporción de postulantes provenientes de estos grupos que es seleccionado (tasa de admisión) en la Universidad Católica durante el período estudiado fluctúa entre un 10% y un 25%, siguiendo un patrón similar para los tres grupos socioeconómicos de interés, con tasas de admisión algo más altas en el grupo con madres sin educación universitaria, observándose estabilidad entre el inicio y el fin del seguimiento, con descensos y ascensos en los años intermedios (ver Figura 5).

FIGURA 5.
PROPORCIÓN DE ESTUDIANTES QUE POSTULA Y ES ADMITIDO A LA UC EN CUALQUIER PREFERENCIA EN EL PERÍODO 2004-2013.

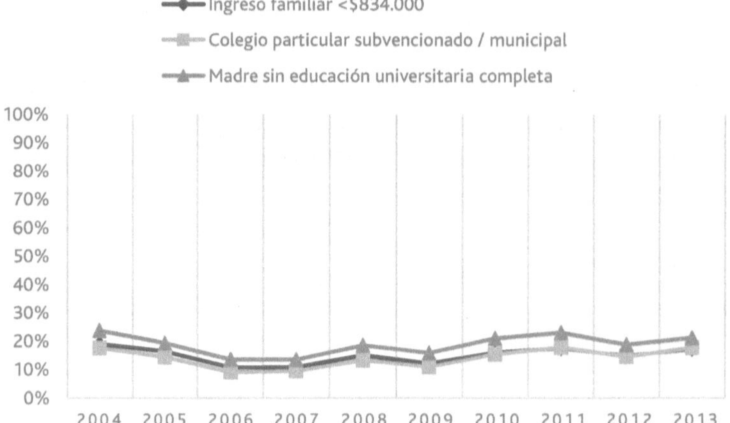

5.2 Caracterización de los Estudiantes Admitidos vía Talento e Inclusión

En relación a los estudiantes beneficiados por el programa Talento e Inclusión, estos provienen en mayor medida que el resto de los estudiantes de la UC, y especialmente dentro de sus respectivas carreras, de colegios de dependencia municipal y particular subvencionada de hogares con ingresos familiares menores a $834.000 y madres que no han completado estudios universitarios. Por otra parte, el promedio de sus puntajes PSU (Lenguaje y Matemática), aunque es inferior al de sus compañeros que no ingresaron por esta vía a sus respectivas carreras, es en la mayoría de los casos similar y en la cohorte 2011 supera al promedio del conjunto de estudiantes que ingresa a la UC (ver Tabla 1).

TABLA 1.
ESTADÍSTICOS DEL GRUPO TALENTO E INCLUSIÓN EN COMPARACIÓN CON SUS CARRERAS Y LA UC (POR COHORTE).

Cohorte/carrera	Dependencia PS y M	Ingresos < $834.000	Ed. madre<univ. completa	PSU	N
Cohorte 2011					
Talento Ingeniería	100,00%	85,71%	85,71%	712,4	18
Ingeniería	18,46%	15,54%	29,62%	769,6	547
UC	32,28%	31,01%	39,38%	698,1	4.238
Cohorte 2012					
Talento Ingeniería	100,00%	74,07%	81,48%	687,9	27
Ingeniería	17,14%	16,25%	26,79%	701,4	560
Talento Derecho	100,00%	85,71%	85,71%	640,9	7
Derecho	20,66%	19,93%	33,21%	709,3	271
UC	31,50%	29,45%	38,26%	689,5	4.974
Cohorte 2012					
Talento Ingeniería	100,00%	82,93%	75,61%	657,7	41
Ingeniería	20,85%	16,74%	31,49%	744,4	705
Talento Derecho	100,00%	90,00%	100,00%	613,5	10
Derecho	15,28%	17,94%	23,92%	700,5	301
Talento Ing. Comercial	100,00%	60,00%	100,00%	658,2	5
Ing. Comercial	6,37%	6,74%	22,10%	733,8	267
Talento 3 carreras	80,00%	60,00%	40,00%	626,7	5
3 carreras	17,14%	15,95%	29,76%	688,3	840
UC	32,40%	29,98%	39,31%	681,7	5.040

En la UC, el rango de porcentajes de alumnos matriculados, admitidos tanto por vía ordinaria como por vía especial, provenientes de cada uno de los tres grupos socioeconómicos de interés analizados durante el período 2004-2013, está en torno a 30% y 40%. En específico, la proporción de quienes provienen de colegios de dependencia particular subvencionada y municipal es de alrededor de un 30%, de cerca de un 40% en el caso de alumnos con madres con menos que educación universitaria completa, y de entre un 30% y un 40% para estudiantes con ingresos familiares mensuales menores a $834.000, sin existir variaciones relevantes con posterioridad a la implementación del programa (ver Figura 6).

FIGURA 6.
PROPORCIÓN DE ESTUDIANTES MATRICULADOS EN LA UC
EN EL PERÍODO 2004-2013, CORRESPONDIENTES A CADA
GRUPO DE INTERÉS.

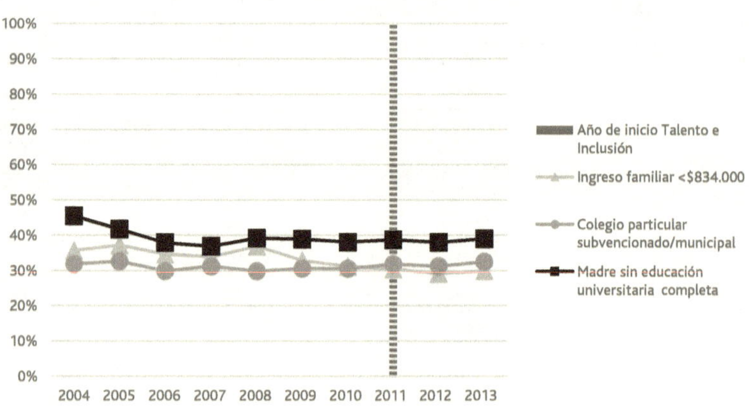

5.3 Rendimiento Académico de los Estudiantes Admitidos vía Talento e Inclusión

Los resultados del estudio muestran que al comparar el promedio ponderado acumulado semestral estandarizado de los alumnos Talento e Inclusión con el de los alumnos que entraron a las mismas carreras en un rango de puntajes ponderados similares, se observan diferencias estadísticamente significativas solo en el caso del primer cohorte de Ingeniería (2011, tercer semestre) a favor de los alumnos beneficiados por el programa. La comparación del promedio ponderado semestral estandarizado del grupo T+I con alumnos admitidos a las mismas carreras y que tienen madres con niveles de educación similar no arroja diferencias estadísticamente significativas para los distintos semestres de seguimiento ni en el análisis desagregado por cohorte y carrera, ni en el agregado (ver Tablas 2 y 3).

TABLA 2.
COMPARACIÓN PROMEDIO PONDERADO ACUMULADO
SEMESTRAL ESTANDARIZADO DEL GRUPO TALENTO E
INCLUSIÓN (TI) Y GRUPO DE COMPARACIÓN POR PSU.

Año	Carrera		1º sem TI	1º sem No-TI	2º sem TI	2º sem No-TI	3º sem TI	3º sem No-TI	4º sem TI	4º sem No-TI	5º sem TI	5º sem No-TI	6º sem TI	6º sem No-TI
2011	Ingeniería	Promedio (PPA Z)	-0,19	-0,38	-0,285	-0,584	-0,228	-0,903	-0,275	-0,709	-0,225	-0,796	-0,281	-0,743
		N	18	11	18	11	16	10	16	8	15	8	15	8
		Delta (NOTI-TI)	-0,190		-0,299		-0,675		-0,434		-0,571		-0,462	
		Valor-p delta (NOTI-TI)	0,175		0,101		0,024		0,102		0,055		0,096	
2012	Ingeniería	Promedio (PPA Z)	-0,622	-0,521	-0,377	-0,677	-0,477	-0,751	-0,435	-0,665				
		N	27	6	27	6	26	6	25	6				
		Delta (NOTI-TI)	0,101		-0,300		-0,274		-0,230					
		Valor-p delta (NOTI-TI)	0,664		0,123		0,182		0,234					
	Derecho	Promedio (PPA Z)	-0,431	-0,266	-0,627	-0,547	-0,675	0,099	-0,554	-0,161				
		N	7	3	7	3	6	2	6	2				
		Delta (NOTI-TI)	0,17		0,08		0,77		0,39					
		Valor-p delta (NOTI-TI)	0,617		0,545		0,807		0,645					
2013	Ingeniería	Promedio (PPA Z)	-1,062	-0,663	-0,886	-0,639								
		N	41	20	41	20								
		Delta (NOTI-TI)	0,399		0,247									
		Valor-p delta (NOTI-TI)	0,877		0,821									

			1º sem	2º sem	3º sem	4º sem
	Derecho	Promedio (PPA Z)	-0,506	-0,133	-0,68	-0,147
		N	10	4	10	4
		Delta (NOTI-TI)	0,373		0,533	
		Valor-p delta (NOTI-TI)	0,872		0,934	
2014	Ingeniería Comercial	Promedio (PPA Z)	-0,634	-2,492	-0,276	-1,334
		N	5	4	4	3
		Delta (NOTI-TI)		-1,858		-1,058
		Valor-p delta (NOTI-TI)	0,133		0,18	
	Arquitectura, Diseño y College CCNN y Matematicas	Promedio (PPA Z)	-2,051	-0,26	-1,158	0,056
		N	5	5	5	5
		Delta (NOTI-TI)	1,791		1,214	
		Valor-p delta (NOTI-TI)	0,687		0,875	
	Resumen	Delta (NOTI-TI)	0,112	0,060	0,167	-0,090
		Valor-p delta (NOTI-TI)	0,610	0,610	0,704	0,337
		N cohorte*carreras	7	7	3	3

TABLA 3.
COMPARACIÓN PROMEDIO PONDERADO
ACUMULADO SEMESTRAL ESTANDARIZADO DEL
GRUPO TALENTO E INCLUSIÓN (TI) Y GRUPO DE
COMPARACIÓN POR EDUCACIÓN DE LA MADRE.

	Carrera		1º sem		2º sem		3º sem		4º sem		5º sem		6º sem	
			TI	No-TI	TI	No-TI	TI	No-TI	TI	No-TI	TI	No-TI	TI	No-TI
2011	Ingeniería	Promedio (PPA Z)	-0,19	-0,111	-0,285	-0,226	-0,228	-0,212	-0,275	-0,052	-0,225	-0,082	-0,281	-0,173
		N	18	18	18	18	16	17	16	16	15	16	15	16
		Delta (NOTI-TI)	0,079		0,059		0,016		0,223		0,143		0,108	
		Valor-p delta (NOTI-TI)	0,616		0,579		0,52		0,803		0,695		0,651	
2012	Ingeniería	Promedio (PPA Z)	-0,622	-0,152	-0,377	-0,251	-0,477	-0,382	-0,435	-0,499				
		N	27	27	27	27	26	27	25	27				
		Delta (NOTI-TI)	0,47		0,126		0,095		-0,064					
		Valor-p delta (NOTI-TI)	0,993		0,731		0,641		0,413					
	Derecho	Promedio (PPA Z)	-0,431	-0,372	-0,627	-0,531	-0,675	-0,759	-0,554	-0,807				
		N	7	7	7	7	6	7	6	7				
		Delta (NOTI-TI)	0,059		0,096		-0,084		-0,253					
		Valor-p delta (NOTI-TI)	0,554		0,594		0,431		0,309					

2013						
	Ingeniería	Promedio (PPA Z)	-1,064	0,109	-0,888	0,034
		N	41	41	41	41
		Delta (NOTI-TI)	1,173		0,922	
		Valor-p delta (NOTI-TI)	0,999		0,999	
	Derecho	Promedio (PPA Z)	-0,516	-0,82	-0,689	-0,993
		N	10	10	10	9
		Delta (NOTI-TI)	-0,304		-0,304	
		Valor-p delta (NOTI-TI)	0,203		0,213	
	Ingeniería Comercial	Promedio (PPA Z)	-0,634	0,587	-0,276	0,436
		N	5	4	4	4
		Delta (NOTI-TI)	1,221		0,712	
		Valor-p delta (NOTI-TI)	0,971		0,825	
	Arquitectura, Diseño y College CCNN y Matemáticas	Promedio (PPA Z)	-2,051	0,414	-1,158	0,483
		N	5	5	5	5
		Delta (NOTI-TI)	2,465		1,641	
		Valor-p delta (NOTI-TI)	0,817		0,799	
		delta	0,738	0,465	0,009	-0,031
		valor p	0,986	0,962	0,507	0,452
		N	7	7	3	3

Por otro lado, la persistencia de los alumnos admitidos vía Talento e Inclusión en las cohortes analizadas no presenta diferencias estadísticamente significativas respecto a su grupo de comparación, definido ya sea por la educación de la madre o por el puntaje PSU (ver Tablas 4 y 5). Aunque en el análisis de persistencia se agregaron todas las carreras de cada cohorte, con el objetivo de incrementar el tamaño del grupo, es posible que la falta de significancia estadística se deba al reducido número de alumnos admitidos vía Talento e Inclusión y considerado en los grupos de comparación. Es importante destacar que las tasas de persistencia tanto del grupo Talento e Inclusión como del grupo de comparación son altas, superando en general el 80%.

TABLA 4.

COMPARACIÓN PERSISTENCIA SEMESTRAL DEL GRUPO TALENTO E INCLUSIÓN POR COHORTE Y GRUPO DE COMPARACIÓN POR PUNTAJE DE SELECCIÓN.

Cohorte	Sem1		Sem2		Sem3		Sem4		Sem5		Sem6	
	TI	NoTI	TI	NoTI	TI	NoTI	TI	NoTI	TI	NoTI	TI	NoTI
2011	100.0%	100.0%	100.0%	100.0%	88.9%	90.9%	88.9%	72.7%	83.3%	72.7%	83.3%	72.7%
	18_a	11_a	18_a	11_a	16_a	10_a	16_a	8_a	15_a	8_a	15_a	8_a
2012	100.0%	100.0%	100.0%	100.0%	94.1%	88.9%	91.2%	88.9%				
	34_a	9_a	34_a	9_a	32_a	8_a	31_a	8_a				
2013	100.0%	100.0%	98.4%	97.0%								
	61_a	33_a	60_a	32_a								

a Letras de subíndice iguales indican categorías cuyas proporciones de columna no difieren significativamente entre sí en el nivel ,05.
b Letras de subíndice diferentes indican categorías cuyas proporciones de columna sí difieren significativamente entre sí en el nivel ,05.

TABLA 5.

COMPARACIÓN PERSISTENCIA SEMESTRAL DEL GRUPO TALENTO E INCLUSIÓN POR COHORTE Y GRUPO DE COMPARACIÓN POR EDUCACIÓN DE LA MADRE.

Cohorte	Sem1		Sem2		Sem3		Sem4		Sem5		Sem6	
	TI	NoTI	TI	NoTI	TI	NoTI	TI	NoTI	TI	NoTI	TI	NoTI
2011	100.0%	100.0%	100.0%	100.0%	88.9%	94.4%	88.9%	88.9%	83.3%	88.9%	83.3%	88.9%
	18_a	18_a	18_a	18_a	16_a	17_a	16_a	16_a	15_a	16_a	15_a	16_a

2012	100.0%	100.0%	100.0%	100.0%	94.1%	100.0%	91.2%	100.0%
	34_a	34_a	34_a	34_a	32_a	34_a	31_a	34_a
2013	100.0%	100.0%	98.4%	98.3%				
	61_a	60_a	60_a	59_a				

a Letras de subíndice iguales indican categorías cuyas proporciones de columna no difieren significativamente entre sí en el nivel ,05.
b Letras de subíndice diferentes indican categorías cuyas proporciones de columna sí difieren significativamente entre sí en el nivel ,05.

5.4 Efectos Percibidos del Programa Talento e Inclusión

Según los creadores e implementadores de Talento e Inclusión, el efecto de este programa sobre el perfil del estudiantado que ingresa a la Universidad Católica sería aún muy restringido, debido a que las vacantes ofrecidas por las carreras son reducidas durante el periodo de estudio. Esto se condice con lo observado en relación a la estabilidad de la proporción de alumnos matriculados en la Universidad correspondientes a los grupos de menor nivel socioeconómico en el período estudiado. Pese a esto, se identifica una diversificación de los colegios de procedencia de los alumnos que se matriculan en la institución, así como una leve alza del número de colegios municipales y particulares subvencionados que envían alumnos a la Universidad Católica por primera vez.

En cuanto al rendimiento académico, algunas unidades académicas ya han observado efectos. Por ejemplo, en la Escuela de Ingeniería los alumnos del programa tienen un menor rendimiento en química, física y matemática durante su primer año de estudios, en comparación a los que ingresan por vía ordinaria; sin embargo, tendrían un mejor rendimiento (sobre el promedio) en habilidades comunicacionales y en los cursos de inserción a la carrera. Además, en esta carrera se ha observado que, a partir del segundo año, los alumnos que ingresan vía Talento e Inclusión no se diferencian, en términos académicos, de los alumnos con los menores puntajes de ingreso por vía regular a la carrera de Ingeniería. Estos resultados van en la línea de lo reportado en la sección de resultados observados.

Por otra parte, los apoyos a la retención generarían, según los creadores e implementadores del programa, un efecto de integración entre los alumnos admitidos vía Talento e Inclusión. Por ejemplo, en relación a la escuela de verano realizada en la Facultad de Ingeniería, los estudiantes desarrollarían una autopercepción positiva debido a su participación en el programa. Al mismo tiempo, los alumnos beneficiados se reconocen como un grupo distinto a sus compañeros, lo que podría ligarse en ocasiones a un fenómeno de autoexclusión.

6. CONCLUSIONES SOBRE EL DISEÑO, IMPLEMENTACIÓN Y RESULTADOS DEL PROGRAMA TALENTO E INCLUSIÓN

En este capítulo se han descrito los principales antecedentes en relación al inicio, teoría de programa, implementación y resultados observados del programa Talento e Inclusión en la Pontificia Universidad Católica de Chile. Este programa, que comenzó en la Facultad de Ingeniería de dicha casa de estudios, representa en la actualidad una iniciativa a nivel institucional, con más de 300 vacantes en todas las carreras de la Universidad.

Las actividades del programa Talento e Inclusión tienen un mayor foco en la admisión, aunque con un creciente interés por mejorar y ampliar el reclutamiento y sistematizar las estrategias de retención de los estudiantes beneficiados por el programa. En relación a la consecución de los objetivos esperados, se observa que el perfil de los estudiantes ingresados vía Talento e Inclusión se condice con el tipo de estudiantes que, por diseño, se buscaba admitir: estudiantes de menor nivel socioeconómico que el estudiante típico de la universidad, pero con un desempeño académico que, aunque no les permitiría ingresar mediante la vía regular a la Universidad Católica, es apenas menor que el de sus pares que sí ingresan mediante PSU, asegurando por lo tanto un nivel académico acorde a los estándares de la Universidad.

Pese a lo señalado anteriormente, el impacto de esta iniciativa es discreto en términos del aumento de la proporción de estudiantes provenientes de colegios subvencionados y municipales, de hogares con menores niveles de ingreso y con madres de menor nivel educativo; aun así, se observa que este programa habría contribuido a frenar un decrecimiento en las proporciones de estos grupos dentro de la Universidad previo a la implementación del programa; al respecto, es importante considerar que los efectos observados en el cuerpo de estudiantes fueron estudiados en un período en que aún no se ampliaban la vacantes de Talento e Inclusión de manera masiva.

En relación al desempeño académico de los estudiantes admitidos mediante este programa, se observan promedios de notas y tasas de persistencia que en general no se diferencian de las de aquellos estudiantes admitidos por vía regular a la Universidad, con puntajes PSU y nivel educacional materno similares. En este sentido, el programa pareciera cumplir con su cometido de admitir a la Universidad Católica estudiantes de menor nivel socioeconómico pero con un rendimiento académico que, aunque menor al del perfil habitual de las diferentes carreras, logra hacer frente a las exigencias académicas de la Universidad, mostrando consecuentemente niveles de rendimiento académico similar al de pares comparables admitidos por la vía regular.

Una vez revisados, en este y los capítulos 5 y 6, los tres programas institucionales que son el foco de este libro, en el capítulo 8 se presenta un análisis comparado de las tres iniciativas en relación a sus objetivos esperados y sus resultados observados.

CAPÍTULO 8

RESPUESTAS INSTITUCIONALES: SIMILITUDES Y DIFERENCIAS DE LOS PROGRAMAS BAJO ESTUDIO.

Equidad en la Educación Superior: Diseño y resultados de programas de acceso en universidades selectivas

En este capítulo se reflexiona sobre las características comunes de los tres programas institucionales analizados en los capítulos 5, 6 y 7. En la primera parte del capítulo se analizan en profundidad las teorías de programa detrás de cada uno de ellos, con especial énfasis en los efectos esperados de dichas iniciativas. En la segunda sección se profundiza en los efectos observados en estos tres programas, haciendo hincapié en la composición del alumnado de cada institución y en el desempeño académico de los alumnos admitidos a través de estos programas. Los análisis presentados en este capítulo, incluyendo las tablas, tienen como objetivo resaltar aspectos comunes y diferenciadores entre los tres programas más que hacer una evaluación normativa de los elementos presentes en cada uno de ellos.

1. TEORÍAS DE PROGRAMA DE LOS PROGRAMAS ANALIZADOS EN ESTE LIBRO: OBJETIVOS, COMPONENTES Y EFECTOS ESPERADOS

1.1 Objetivos de los Programas

Los programas estudiados cuentan con objetivos tanto a nivel social como institucional, que son en gran medida compartidos, pero muestran también algunas diferencias según institución.

1.1.1 Objetivos a nivel social o sistémico

Los tres programas institucionales en estudio comparten objetivos para el sistema educativo en su conjunto, pero estos son más relevantes en el Propedéutico de la Universidad de Santiago; las metas a nivel sistema de este programa incluyen contribuir a un **acceso más**

equitativo a la educación superior y aumentar las expectativas educativas en las escuelas secundarias, contribuyendo de esta manera a mejorar la calidad de la enseñanza media.

Junto con lo anterior, SIPEE y T+I comparten un interés por **incidir a nivel de sociedad,** ello al favorecer una mejor calidad de la educación que posibilite proveer a la sociedad de mejores profesionales. SIPEE además especifica un segundo objetivo social: aportar a la construcción de una sociedad más democrática y justa, basada en la igualdad de oportunidades.

1.1.2 Objetivos a nivel institucional

Los programas también comparten **metas a nivel institucional,** siendo el **más importante aumentar el acceso de los estudiantes talentosos de contextos desaventajados.** En segundo lugar, se destaca el objetivo de **mejorar la experiencia académica institucional a través de la diversidad del cuerpo de estudiantes,** objetivo especialmente relevante en el caso del Propedéutico y de SIPEE. Un tercer objetivo, compartido por los tres programas en niveles similares, es **asegurar la persistencia de los estudiantes beneficiados** en las respectivas instituciones.

Aunque la Universidad de Chile no comparte necesariamente el objetivo de mejorar la excelencia académica institucional a través del acceso de estudiantes talentosos, aspecto señalado por los otros dos programas, tiene una agenda de reforma institucional, más allá del programa SIPEE, que apunta a mejorar la experiencia universitaria de todos los estudiantes de bajos ingresos de la institución, incluyendo su inserción en el mundo profesional, y fortalecimiento de la relación entre la institución y la sociedad. Para mayores detalles, ver Tabla 1. La información desplegada tanto en la Tabla 1 como en la Tabla 2 tiene por objetivo facilitar la comparación de los elementos comunes y diferentes de los tres programas, y no necesariamente realizar una evaluación normativa de estos.

Nivel	Objetivos	Talento e Inclusión	Propedéutico	SIPEE
Nivel institucional	1. Aumentar el acceso de estudiantes talentosos desfavorecidos	√√√	√√√	√√√
	2. Mejorar la experiencia académica institucional y la calidad de la educación a través de la diversidad	√√	√√√	√√√
	3. Mejorar la excelencia académica institucional a través del acceso de	√√	√√√	
	4. Asegurar la persistencia de estudiantes beneficiados	√√	√√	√√
	5. Asegurar las expectativas laborales de estudiantes beneficiados			√√
	6. Fortalecer la relación entre institución y sociedad		√√√	√√
	7. Motivar una reforma institucional (apoyo para todos los estudiantes necesitados)			√√
Nivel sistémico	1. Aumentar las expectativas educacionales en los establecimientos de educación secundaria	√√	√√√	√√
	2. Contribuir a mejorar la calidad de la educación secundaria	√√	√√√	√√
	3. Contribuir a un acceso más equitativo a la educación superior	√√	√√√	√√
	4. Contribuir a una sociedad más democrática			√√
	5. Dar a la sociedad más y mejores profesionales	√√		√√

Nota: los símbolos √√√, √√ y √ se refieren a la importancia relativa de cada objetivo o componente en la Teoría de Programa de acuerdo a los documentos y entrevistados. √ indica presencia o baja importancia, √√ indica importancia media y, por último, √√√ indica importancia alta.

1.2 Componentes de los programas

Además de los matices en los objetivos enunciados por cada uno de los programas en los distintos niveles, la forma en que las iniciativas abordan dichos objetivos también se traduce en distintos énfasis en sus componentes.

Los tres programas varían especialmente en lo que se ha definido como componente de "reclutamiento", mientras que sus indicadores de admisión y los esfuerzos implementados para la retención de estudiantes son algo más similares. Los programas institucionales en general se caracterizan por una mayor consideración en sus procesos de selección del nivel socioeconómico de la escuela secundaria y del desempeño académico de sus postulantes durante su enseñanza media, en comparación con la vía regular de admisión a las mismas instituciones, en que los puntajes de pruebas estandarizadas tienen una consideración mucho mayor. Los tres programas también comparten, aunque con un énfasis diferente, la oferta de apoyo académico y financiero para los estudiantes admitidos a través de estas iniciativas. Sin embargo, la preocupación por proporcionar apoyo psicológico focalizado a los estudiantes admitidos a través de estos programas no es tan fuerte ni tan extendida.

Los esfuerzos de retención implementados por las instituciones muestran hasta qué punto estas son conscientes de que los programas de acceso, aunque permiten matricular en las universidades a estudiantes usualmente excluidos, no son suficientes para asegurar su éxito académico. Esto se alinea con la literatura internacional que identifica la diversidad de variables que influyen en el éxito de los estudiantes en la universidad y, consecuentemente, en la necesidad de múltiples acciones que deben ser abordadas simultáneamente (Stephens, Brannon, Rose & Nelson, 2015).

A continuación se presenta un análisis comparativo más detallado de los componentes de reclutamiento, admisión y retención en las tres universidades bajo estudio.

1.2.1 Reclutamiento

Se observa que el Propedéutico es el único programa cuyo reclutamiento está orientado a un número de establecimientos predefinidos, que forman parte de la red de colegios vulnerables en convenio con la Universidad. De todos modos, tanto el SIPEE como T+I presentan cierta focalización en sus estrategias de reclutamiento, que se expresa en la definición del listado de escuelas a las que se les enviará correos electrónicos con información del programa, así como de aquellas que serán visitadas. Estos dos programas, además, agregan otras estrategias de reclutamiento, por ejemplo, la realización de ferias escolares. Ahora bien, SIPEE se orienta exclusivamente a establecimientos municipales, mientras que T+I también recluta estudiantes en establecimientos subvencionados.

Otra particularidad del Propedéutico es que su componente reclutamiento no es solo un paso previo al proceso de admisión, sino que es un proceso de selección de postulantes propiamente tal: solo podrán ingresar a la USACH los estudiantes que tengan 100% de asistencia a las actividades del Propedéutico, que obtengan en cada curso del Propedéutico un promedio de notas igual o superior a 4,0 y que se encuentren en el 5% superior de su curso, ordenados según el puntaje Ponderado de Postulación al Bachillerato[39].

Aun cuando en este libro el financiamiento que ofrecen los programas a los estudiantes ha sido descrito y analizado principalmente en el componente de retención, es importante hacer notar algunas diferencias en dicho financiamiento que podrían afectar el reclutamiento de los estudiantes. Se observa que el Propedéutico muestra un alto nivel de compromiso financiero ya que, aunque actualmente depende de las ayudas estatales para cubrir los aranceles de los estudiantes beneficiados, ofrece financiamiento a sus estudiantes en forma de beca completa, incluso si las becas del Estado no estuviesen disponibles. SIPEE y T+I, en cambio, descansan en mayor medida en las becas de arancel provistas por el Ministerio de Educación y, adicionalmente, T+I cuenta con la posibilidad de obtener becas y créditos adicionales para cubrir el arancel en caso de no obtenerse financiamiento del Estado, o para cubrir la brecha entre los beneficios estatales y los aranceles reales de la Universidad.

1.2.2 Admisión

Los tres programas analizados comparten, bajo distintas fórmulas, un proceso de **preselección** en el que se definen los requisitos que los postulantes deben cumplir antes de iniciar su proceso de postulación.

---

[39] 60% el promedio de notas de 1° a 3° Medio, 30% el promedio de notas 4° Medio y 10% el promedio de notas del Propedéutico.

Los tres programas tienen como requisito prioritario que los postulantes provengan de contextos socioeconómicamente desaventajados, aunque dicha desventaja es operacionalizada de distinta forma por cada uno de ellos. En el caso del Propedéutico, que el postulante cumpla con los requisitos de postulación queda garantizado desde antes del reclutamiento, pues los colegios en alianza con la USACH fueron escogidos debido a su Índice de Vulnerabilidad (IVE.) El programa SIPEE, en tanto, considera como criterio inicial en el proceso de preselección el IVE de la escuela, priorizando a los alumnos de establecimientos con mayor vulnerabilidad. En SIPEE y T+I se considera como requisito pertenecer a los **quintiles de ingreso familiar** más bajos: en el SIPEE hasta el tercer quintil y en T+I hasta el cuarto. Además, en estos dos programas existe un requisito de **dependencia** del colegio de enseñanza media: en el SIPEE solo se convocan estudiantes de colegios municipales y en T+I pueden provenir también de la dependencia particular subvencionada. De esta forma, para la admisión al programa, SIPEE enfatiza las oportunidades de aprendizaje disponibles en la escuela, más que las características sociodemográficas de la familia.

Por otra parte, los tres programas estudiados consideran las **notas de enseñanza media a través del ranking de notas.** En el caso del Propedéutico, el ranking -de 1° a 3° medio- se considera primero en la etapa de reclutamiento y, una vez que los estudiantes terminan la nivelación, se toman en cuenta las notas de los cursos del Propedéutico (promedio igual o superior a 4,0) y el ranking (considerando notas de 4° medio y de los cursos del Propedéutico) obtenidos durante esta etapa. En el caso del programa T+I, los postulantes deben pertenecer al 10% superior del ranking de su curso durante la enseñanza media. En SIPEE, por su parte, el ranking no se establece como un requisito para postular (solo se solicita tener un promedio de notas sobre 5,5) aunque, como se profundizará a continuación, sí se utiliza como criterio secundario para ordenar a los postulantes para su selección.

En cuanto al proceso de **selección**, se observa que en los tres programas se procede a la ordenación y jerarquización de los postulantes. En el caso del Propedéutico, dicha ordenación se realiza según el Puntaje Ponderado de Postulación al Bachillerato, que considera el ranking y las notas de enseñanza media, así como las notas obtenidas durante la etapa Propedéutica. Además, se exige a los estudiantes rendir la PSU pero, a diferencia de los demás programas, no se solicita un puntaje mínimo en esta prueba. Por su parte, el SIPEE jerarquiza privilegiando las bajas condiciones socioeconómicas y de contexto académico de los estudiantes (en primer lugar, el IVE del establecimiento y, en segundo lugar, el quintil de ingreso familiar), dejando en último lugar al ranking como criterio diferenciador de postulantes. Así, en el Propedéutico la vulnerabilidad social de los estudiantes viene asegurada por el conjunto de colegios en alianza, por lo que la selección de estudiantes se realiza solo en consideración a criterios académicos; en cambio, en SIPEE dicha selección se hace priorizando criterios socioeconómicos, pues estos no se consideran de manera tan restrictiva en los requisitos de postulación.

De todos modos, SIPEE otorga un lugar clave a los criterios académicos a través de la exigencia a los postulantes de un puntaje **PSU** mínimo que varía entre 600 y 650, dependiendo de la carrera. A diferencia de estos dos programas, T+I no cuenta con una estrategia unificada a nivel institucional que defina ponderaciones o jerarquizaciones de los distintos criterios, incluyendo la PSU: cada carrera establece dichas ponderaciones, teniendo también la posibilidad de agregar otros mecanismos de selección, como entrevistas y pruebas especiales.

1.2.3 Retención

Un primer conjunto de estrategias orientadas a favorecer la permanencia de los estudiantes en sus estudios son los **apoyos académicos,** presentes en los tres programas analizados. Algunas de estas estrategias se orientan específicamente a los estudiantes que ingresan por vía especial; otras son apoyos permanentes de la universidad, disponibles para todos sus alumnos. En el Propedéutico el principal apoyo académico lo constituye la etapa Propedéutica misma (mientras los estudiantes cursan 4° medio), con el fin de nivelar algunos de los contenidos que los estudiantes no recibieron en sus respectivos establecimientos durante la enseñanza media. Esta instancia se complementa, una vez que los estudiantes ingresan a la USACH, con ayudantías y tutorías hechas por estudiantes de años más avanzados de la misma Universidad, disponibles para quienes lo requieran pero pensadas especialmente para los estudiantes del Propedéutico. Las tutorías también son utilizadas en el SIPEE, siendo complementadas por las mentorías (dirigidas por docentes). En T+I no existe una estrategia institucional unificada respecto a qué estrategias de apoyo privilegiar, siendo definidas por cada carrera en función de sus necesidades. Otros apoyos existentes en la UC, en particular en la carrera de Ingeniería, son: nivelación académica (escuela de verano, previo al ingreso a la carrera), tests de diagnóstico temprano, tutorías, ayudantías y clases especiales.

Un segundo tipo de apoyos son los **financieros,** que en el caso de los tres programas son preeminentemente estatales (becas del MINEDUC). En el caso de que el financiamiento estatal no sea suficiente para cubrir el arancel real, el Propedéutico se compromete a financiarlo en su totalidad. En cuanto al programa T+I, la UC ofrece becas y créditos para financiar la diferencia entre el arancel real y el arancel cubierto por las diferentes ayudas estatales. El SIPEE, en tanto, se limita al financiamiento entregado por el Estado. Junto a lo anterior, las respectivas casas de estudios entregan, en situaciones muy específicas y dependiendo de la carrera, apoyos complementarios para materiales y manutención; en el caso del Propedéutico, algunos de estos apoyos son entregados en conjunto con los municipios de origen de los estudiantes.

Por otra parte, el lugar que ocupan los **apoyos psicológicos** parece ser menos prioritario que el académico y financiero en las distintas instituciones. En las universidades de los tres programas, los estudiantes pueden acceder a los servicios psicológicos y de orientación que atienden a la totalidad de sus estudiantes, según necesidad, pero no existe una unidad únicamente dedicada a trabajar con los alumnos que ingresan por esta vía de admisión especial. Solo en T+I destaca la incorporación de entrevistas psicológicas de diagnóstico en algunas de sus carreras. Por último, solo en el programa SIPEE, se han implementado talleres para la adaptación de la pedagogía a la diversidad. Para mayores detalles, ver tabla 2[40].

---

[40] Cabe recordar que la información desplegada tanto en la Tabla 1 como en la Tabla 2 tiene por objetivo facilitar la comparación de los elementos comunes y diferentes de los tres programas, y no necesariamente realizar una evaluación normativa de estos.

TABLA 2.
COMPONENTES DEL PROGRAMA

Componente	Actividades	Talento e Inclusión	Propedéutico	SIPEE
Reclutamiento	Focalización	√	√√√	√√
	Actividades académicas previas relacionadas a la universidad con escuelas secundarias		√	
Admisión	Notas en educación secundaria (ranking)	√√	√√	√
	Puntaje en prueba de admisión estandarizada	√√		√
	Nivel socioeconómico de la escuela	√	√√√	√√
	Criterio específico por parte del programa académico	√		
Retención	Esfuerzo institucional para brindar apoyo en financiamiento	√√	√√	√
	Esfuerzo institucional para brindar apoyo académico	√√	√√	√
	Esfuerzo institucional para brindar apoyo psicológico	√	√	√

Nota: los símbolos √√√, √√ y √ se refieren a la importancia relativa de cada objetivo o componente en la Teoría de Programa de acuerdo a los documentos y entrevistados. √ indica presencia o baja importancia, √√ indica importancia media y, por último, √√√ indica importancia alta.

2. EFECTOS OBSERVADOS DE LOS PROGRAMAS CON FOCO EN COMPOSICIÓN DEL ALUMNADO Y DESEMPEÑO ACADÉMICO

Es importante considerar que la investigación cuantitativa realizada por las autoras de este libro y que se presenta en la sección a continuación examina directamente solo dos de los efectos esperados y descritos en la teoría de programa de las iniciativas bajo estudio y no la totalidad de ellos. Estos efectos se refieren a la "Composición del Alumnado Institucional" y al "Desempeño Académico de los Alumnos Admitidos" por medio de los nuevos programas institucionales descritos en los capítulos 5, 6 y 7. La evidencia que se presenta en relación al resto de los objetivos esperados en la sección denominada "Otros Efectos Observados" fue obtenida desde documentos, estudios y entrevistas que fueron parte del estudio.

2.1 Composición del Alumnado Institucional

Los datos de matrícula analizados en los tres capítulos anteriores sugieren que la composición sociodemográfica institucional no cambia sustancialmente al comparar las tendencias que preceden y siguen a la implementación del programa en las distintas universidades. Es más, se observan leves descensos en la proporción de estudiantes de bajos ingresos o estudiantes cuyas madres no han completado estudios universitarios admitidos a las instituciones de interés. La proporción de estudiantes provenientes de escuelas públicas y subvencionadas en las tres instituciones pareciera ser la única excepción, mostrando leves alzas. Esto se observa en un escenario en el que la proporción de alumnos de menores ingresos y primera generación que postula a estas instituciones (las postulaciones) ha descendido levemente y las tasas de admisión de los grupos de menores ingresos se han mantenido constantes en el período analizado[41] . Solo se observa una leve tendencia al alza en la proporción de postulantes que provienen de establecimientos subvencionados por el Estado (públicos o particular subvencionados). De los análisis realizados, sin embargo, no es posible descartar los efectos potenciales de los programas en ayudar a mantener esas tendencias en las proporciones de estudiantes de los grupos de interés, ayudando a evitar un cuerpo estudiantil aún más elitista.

No es sorprendente que los programas analizados no cambien la composición sociodemográfica de las instituciones educativas considerando que las intervenciones afectan a un número reducido

---

[41] El análisis incluyó sólo postulantes de vía ordinaria, en otras palabras, que fueron admitidos por vía PSU, ya que los postulantes a admisión especial no están incluidos en el archivo de información DEMRE con el que se trabajó. En todo caso, los postulantes de admisión ordinaria constituyen una proporción importante del total de postulaciones recibidas por cada universidad (85% en las instituciones adheridas al Sistema Único de Admisión).

de estudiantes y los efectos son observados a corto plazo. Efectos más significativos sobre la composición del cuerpo estudiantil pueden requerir un período de observación más largo y la implementación de esfuerzos adicionales a nivel institucional o de sistema.

2.2 Desempeño Académico de los Alumnos Admitidos por Medio de los Nuevos Programas

Los resultados de los análisis que comparan el rendimiento académico de los estudiantes beneficiados con el de pares similares, dentro de sus instituciones, sugieren que los estudiantes admitidos a través de los programas institucionales en general tienen notas y tasas de persistencia que no se distinguen en términos estadísticos a las de sus pares comparables. Las únicas diferencias estadísticamente significativas encontradas son a favor de los alumnos beneficiados por el programa Talento e Inclusión en la cohorte 2011 (en relación con su grupo de comparación por PSU), y en contra de los estudiantes del Propedéutico en algunas de las cohortes en estudio y en el primer período de seguimiento una vez ingresados a sus carreras de destino. Estos resultados podrían sugerir que cuanto más disímiles son los perfiles académicos de los estudiantes admitidos a través de los nuevos programas, en comparación con los estudiantes admitidos por vía regular, menor parece ser el desempeño académico del grupo beneficiado con respecto a sus grupos de comparación. Por lo tanto, los criterios de reclutamiento y admisión estarían directamente asociados con la brecha de rendimiento entre los estudiantes beneficiados y sus compañeros, mostrando una relación inversa o trade-off entre la equidad en el acceso y el desempeño académico.

Al comparar los hallazgos de esta investigación con la literatura anterior sobre estos programas, se observan consistencias que muestran un menor rendimiento en los estudiantes matriculados en la USACH a través del Propedéutico (Koljatic & Silva, 2012; Scheele, Treviño, Flores & Honey, 2014). Aspectos conceptuales y metodológicos podrían explicar las discrepancias observadas en relación a la magnitud de las diferencias. Los estudios anteriores sobre el SIPEE también son consistentes con estos resultados, mostrando generalmente ligeras diferencias a favor del grupo de estudiantes de primer año que ingresan a través de la PSU (vía regular), con variaciones por programa académico, cohorte y período de monitoreo. Los estudios sobre T+I (Talento e Inclusión, 2012), son también consistentes con los resultados reportados en este libro particularmente cuando las investigaciones consideran los puntajes PSU como una forma de controlar otras variables que podrían estar afectando el rendimiento académico de los estudiantes beneficiados.

Es importante tener en cuenta que, a pesar de que en el análisis fueron utilizados estudiantes con promedios PSU similares a los de los estudiantes del programa Propedéutico, el rango de los puntajes PSU es amplio, y la mayoría de los estudiantes en el grupo de comparación tienen puntajes promedio en la PSU más altos que los estudiantes que ingresan a través del programa Propedéutico.

Aunque en los análisis de rendimiento académico todos los alumnos de una misma cohorte fueron agregados con el fin de aumentar el tamaño de los grupos, todavía es posible que el reducido número de beneficiarios y del grupo de comparación podría estar disminuyendo la potencia de los tests-t aplicados para evaluar la significación estadística de estas diferencias. Es posible que los repentinos cambios en las tendencias de rendimiento académico de los grupos analizados también puedan estar relacionados con el pequeño número de la muestra usada en cada semestre de análisis. Esta cuestión puede ser más relevante en el caso de la primera cohorte de seguimiento, que sufre una importante caída en el número de casos al ser seguida a los períodos más recientes de estudio. Las cohortes iniciales de los programa son pequeñas (los números varían según el programa) y solo una proporción de ellos permanece hasta los dos últimos períodos de análisis (5° y 6° semestre para T+I, 3° y 4° año para SIPEE, 5° y 6° año para el Propedéutico). Por ejemplo, en el 5° y 6° año, solo alrededor del 50% de los estudiantes del Propedéutico y de los grupos de comparación en su ingreso a Bachillerato persisten en sus estudios o se han graduado.

Las tasas de persistencia (incluyendo graduación) del Propedéutico contrastan con las mayores tasas de persistencia observadas en las otras dos universidades estudiadas (cerca de 80%). Aunque esta menor tasa de persistencia se observa en las dos cohortes que han contado con tiempo suficiente para avanzar en sus carreras académicas (2008 y 2009), es importante mencionar que hay aproximadamente 15 estudiantes restantes en cada cohorte Propedéutico, por lo que el tamaño de la muestra en el que se basan las inferencias es pequeño.

Por último, los estudiantes que participan en los tres programas analizados tienen un promedio de calificaciones estandarizado con un signo negativo (ver Tablas 2 y 3 en los respectivos capítulos), lo que muestra que tanto los estudiantes en el programa como sus pares comparables tienen promedios de calificaciones que están por debajo del promedio de calificaciones de sus compañeros en las mismas carreras. Esto se observa para los grupos de comparación, definidos por los resultados de las pruebas y el nivel de educación de la madre, para SIPEE y T+I, pero no para el Propedéutico.

2.3 Otros Efectos Observados de los Programas

Tanto el programa SIPEE como el Propedéutico comparten en su diseño un fuerte énfasis en el **objetivo de enriquecer la experiencia universitaria a través de la diversidad.** Sin embargo, los comentarios de los implementadores de estos programas en relación a la limitada interacción e integración de los estudiantes admitidos a través de estas nuevas vías y los estudiantes ingresados a través de la admisión regular, muestran que la diversidad está afectando solo de manera limitada las relaciones sociales de los estudiantes y los procesos educativos que tienen lugar dentro del aula. Los entrevistados reportan que no se estarían realizando innovaciones importantes en las prácticas docentes con el objetivo explícito de abordar a un alumnado más diverso en ninguna de las tres instituciones bajo estudio.

Es importante notar que los diseñadores e implementadores de los programas hicieron comentarios acerca de la **integración social de los alumnos beneficiados** por estas iniciativas al comentar sobre los resultados positivos de experiencias especiales, tales como la escuela de verano diseñada especialmente para el programa T+I de la Universidad Católica, o la integración social lograda a través de la admisión de todos los estudiantes beneficiados a un programa académico común en la Universidad de Santiago (Bachillerato). Los entrevistados comentan que el hecho de que los estudiantes logren adaptarse e intregrarse podría explicar los limitados cambios observados en las prácticas pedagógicas e institucionales.

Aunque los entrevistados señalan que el **compromiso institucional** tanto con el programa SIPEE como con el programa Talento e Inclusión ha ido en aumento, también describen una **resistencia significativa dentro de las institucione**s, basada principalmente, pero no únicamente, en un discurso meritocrático que propone que cualquier estudiante meritorio debería ser capaz de ser admitido por la vía regular a las universidades, independiente de su situación socioeconómica. La resistencia se observaría especialmente entre profesores y personal académico que argumentan, en el caso SIPEE, que las clases serían más difíciles de enseñar ante un cuerpo de estudiantes con menor nivel académico; en el caso de T+I, la resistencia además estaría ligada a recursos insuficientes para implementar el programa. Estas resistencias fueron abordadas de diferentes maneras dependiendo del programa académico y de la universidad. La convicción y liderazgo de la autoridad central y el apoyo brindado por la estructura administrativa de la institución se constituyen como elementos clave en al menos dos de las instituciones estudiadas.

Si bien los tres programas institucionales comparten el **objetivo a nivel sistema de elevar las expectativas en las escuelas** y lograr **cambios en la calidad de la educación secundaria,** este estudio no recogió información en establecimientos escolares y por lo tanto no se cuenta con evidencia para juzgar si este objetivo es realmente alcanzado. Sin embargo, los diseñadores e implementadores de SIPEE y Propedéutico perciben que las escuelas secundarias sí han sufrido cambios positivos, evidenciados específicamente en el aumento de los promedios PSU. Desde la perspectiva de los entrevistados, saber que es posible ingresar a estas universidades mediante estas vías alternativas habría cambiado las expectativas y proyecciones de los estudiantes, motivándolos a estudiar, lo que se habría traducido en un aumento en los puntajes PSU de estos alumnos. No obstante, es posible que estos programas estén generando también efectos adversos en las escuelas: si bien hay nuevas posibilidades disponibles para los estudiantes que tradicionalmente han estado sub-representados en las universidades, el proceso de selección todavía depende considerablemente de los indicadores académicos durante la enseñanza media, lo que podría aumentar la segregación interna de las escuelas secundarias sobre la base del talento académico de los estudiantes.

3. CONCLUSIÓN

En resumen, se puede afirmar que los tres programas institucionales en estudio comparten objetivos para el sistema educativo en su conjunto, particularmente el contribuir a un acceso más equitativo a la educación superior y el aumentar las expectativas educativas en las escuelas secundarias, contribuyendo de esta manera a mejorar la calidad de la enseñanza media. Este objetivo a nivel social es especialmente relevante para el Propedéutico de la Universidad de Santiago. Asimismo, SIPEE y T+I comparten un interés por favorecer una mejor calidad de la educación que posibilite proveer a la sociedad de mejores profesionales.

Los programas también comparten tres metas a nivel institucional, a saber, aumentar el acceso de los estudiantes talentosos de contextos desaventajados, mejorar la experiencia académica institucional a través de la diversidad del cuerpo de estudiantes y asegurar la persistencia de los estudiantes beneficiados en las respectivas instituciones.

Ahora bien, los tres programas varían especialmente en lo que se ha definido como componente de "reclutamiento", mientras que las actividades de admisión y los esfuerzos implementados para la retención de estudiantes son algo más similares. Los programas institucionales en general se caracterizan por una mayor consideración en sus procesos de selección del nivel socioeconómico de la escuela secundaria y del desempeño académico de sus postulantes durante su enseñanza media, en comparación con la vía regular de admisión a las mismas instituciones. Los tres programas también comparten, aunque con un énfasis diferente, la oferta de apoyo académico y financiero para los estudiantes admitidos a través de estas iniciativas.

En términos de resultados observados, los datos muestran que la proporción de estudiantes de menor nivel socioeconómico ha permanecido relativamente constante en las tres instituciones analizadas. Por otro lado, los análisis sugieren que los estudiantes admitidos a través de los programas institucionales en general tienen notas o tasas de persistencia similares a los de sus pares comparables. El desempeño de los estudiantes de los programas analizados tienden a ser similares al de sus grupos de comparación, con excepciones ocasionales observadas específicamente en el nivel de persistencia del Propedéutico. Es auspicioso el hecho de que la persistencia y promedio de notas de los nuevos admitidos en los programas no se diferencie significativamente del desempeño académico de sus compañeros, similares en características académicas o sociodemográficas, pero que ingresaron vía admisión regular. Ahora bien, será importante monitorear el desempeño de los alumnos beneficiados una vez ampliado el programa para constatar que ese desempeño similar aún se mantiene.

Al integrar la descripción de los alumnos y de los componentes de los programas, se observa que las tres iniciativas analizadas conforman un continuo en que en un extremo se encuentra el programa Talento e Inclusión, con alumnos que difieren menos dramáticamente de sus compañeros admitidos por vía regular en su desempeño académico previo (puntajes PSU), y en el otro extremo se ubica el Propedéutico, con alumnos muy diferentes a sus compañeros en términos de preparación académica anterior. En el lugar intermedio se ubicaría el SIPEE. Estas diferencias en los indicadores académicos previos al ingreso a las instituciones de los distintos grupos beneficiados están estrechamente ligadas a los resultados académicos observados en los estudiantes durante sus estudios universitarios. Así, la evidencia examinada en este libro sugiere que los programas de acceso que establecen un mayor equilibrio entre los requisitos académicos exigidos a los postulantes y los niveles de exigencia académica en sus respectivas instituciones son más efectivos en aumentar la representación de alumnos de menor nivel socioeconómico en dichas instituciones, logrando que el rendimiento académico de los alumnos beneficiados no se distinga significativamente del de sus pares comparables que ingresan por la vía regular de admisión. El grado de flexibilización de los criterios académicos de los programas, así como el número de vacantes ofrecidas, debe ser evaluado por cada institución en función de sus necesidades de diversificación socioeconómica, de su volumen de postulantes y nivel de selectividad, y de la voluntad y recursos disponibles para entregar apoyo al rendimiento académico y a la persistencia de los estudiantes beneficiados, entre otras variables.

Un juicio más integral de los programas, sin embargo, requiere de la consideración de los otros efectos esperados de los programas, tales como la diversificación de las prácticas pedagógicas de aula y mejora en el clima institucional, el fortalecimiento del rol público de las instituciones de educación superior y el efecto en las expectativas educacionales de los alumnos, profesores y establecimientos del sector secundario. Estos objetivos no fueron abordados por este estudio, y el último es especialmente relevante en el diseño del Propedéutico de la Universidad de Santiago de Chile.

En el capítulo 9, el último de este libro, se presentan las conclusiones y las lecciones aprendidas del análisis de los tres programas institucionales en los que se enfoca este libro. Se espera que dichos aprendizajes ayuden a poner en perspectiva los logros y alcances de los programas institucionales bajo estudio, así como también ayuden a guiar el diseño e implementación de otras iniciativas institucionales destinadas a mejorar el acceso y permanencia de estudiantes de bajo nivel socioeconómico en las universidades.

LECCIONES DEL ANÁLISIS DE LOS TRES PROGRAMAS INSTITUCIONALES

En esta sección (capítulo 9) se realiza una interpretación de los resultados empíricos presentandos en la segunda parte del libro, a la luz de los antecedentes teóricos y empíricos presentados en la primera parte. A partir de dicho análisis se describen los principales aprendizajes del libro y se establecen algunas recomendaciones respecto a la implementación de iniciativas de equidad.

CAPÍTULO 9

¿QUÉ HEMOS APRENDIDO DE LOS TRES PROGRAMAS INSTITUCIONALES ANALIZADOS?

Equidad en la Educación Superior: Diseño y resultados de programas de acceso en universidades selectivas

Este libro tiene como objetivo contribuir al cuerpo de investigación que explora la evolución y los resultados de los esfuerzos institucionales por aumentar el número de estudiantes de bajo nivel socioeconómico en la educación superior. Dentro de las variables que inciden en el proceso de elección, acceso y permanencia a la educación superior presentado en el capítulo 1 (Perna, 2006a), el libro se ha centrado principalmente en el rol de la universidades, especialmente por medio de sus iniciativas institucionales. El modelo de Perna (2006a) presenta de manera general el rol que las variables del estudiante, la familia, las escuelas, las universidades, IPs y CFTs, el sistema de educación superior y la sociedad como un todo tienen sobre las decisiones que los alumnos toman en cuanto a la prosecución de estudios de educación superior. Las instituciones, en este caso universidades, juegan un rol fundamental. Perna et al. (2010) muestran de manera específica cómo la comunicación de las políticas de financiamiento de las instituciones pueden afectar la probabilidad de postulación y matrícula de alumnos con mayor aversión a endeudarse. Tinto (2012), por otro lado, enfatiza la experiencia al interior de la sala de clases en la persistencia de los estudiantes, especialmente en instituciones que no son residenciales como es el caso chileno. Instituciones en las que existen expectativas claras y altas de sus estudiantes, que cuentan con apoyo académico y social, con evaluaciones frecuentes y retroalimentación acerca del desempeño del estudiante, promoverían mayores niveles de persistencia.

Tanto en Chile como en Estados Unidos se está prestando cada vez más atención no solo al acceso equitativo, sino también a la equidad en los resultados en la educación superior. Los programas que buscan aumentar la equidad en el acceso a la universidad son importantes no solo para abrir las puertas a estudiantes de entornos desaventajados a la experiencia universitaria, sino que también deberían contribuir a pavimentar el camino hacia la graduación, titulación e inserción laboral de estos estudiantes.

En este capítulo se presentan las principales conclusiones y lecciones aprendidas del análisis de los tres programas de admisión implementados por la Universidad de Chile, la Universidad de Santiago y la Pontificia Universidad Católica de Chile, a la luz de la literatura nacional e internacional. La primera sección del capítulo discute los aprendizajes respecto del acceso y desempeño de los alumnos beneficiados por estos programas y los desafíos futuros que se observan respecto de la promoción de la diversidad. La segunda sección del capítulo, por su parte, ofrece sugerencias prácticas a la luz de la literatura y de lo aprendido en el estudio.

1. APRENDIZAJES RESPECTO DEL ACCESO Y DESEMPEÑO ACADÉMICO DE LOS ALUMNOS BENEFICIADOS Y DESAFÍOS FUTUROS RESPECTO DE LA PROMOCIÓN DE LA DIVERSIDAD

1.1 Aprendizajes Respecto del Acceso a las Instituciones de Educación Superior

Los programas especiales de admisión analizados en este libro son valiosas iniciativas institucionales con un importante impacto en la cultura de las universidades. Sin embargo, el número limitado de estudiantes admitidos cada año a través de ellos, al menos durante el periodo estudiado, y en algunos casos sus reducidas tasas de persistencia, implican que **tomará tiempo antes de que puedan tener un impacto significativo en la composición del cuerpo estudiantil.** En este contexto, **las instituciones deberían considerar mecanismos alternativos** que idealmente fuesen implementados de manera común a través del sistema de admisión centralizado compartido por todas las instituciones del SUA en Chile. Hallazgos anteriores indican que los puntajes en pruebas estandarizadas ayudan a predecir el rendimiento académico en la universidad entre las instituciones de SUA (Santelices, Horn, Catalán & Venegas, 2017; Donoso & Contreras, 2006; Manzi, Bravo, Del Pino, Donoso, Martínez, & Pizarro, 2006), pero la magnitud de esa predicción es pequeña. Por lo tanto, la complementación de los resultados de las pruebas de admisión con la información adicional del postulante puede ser una alternativa que el sistema de admisión centralizado podría considerar, especialmente a la luz del limitado éxito de los actuales esfuerzos por aumentar el acceso a las instituciones de educación superior (Larroucau, 2013; Larroucau, Rios & Mizala, 2013; Santelices et al., 2017).

La **implementación de cuotas, el uso de información complementaria como entrevistas y cartas de recomendación o la consideración más explícita de la información sociodemográfica** en las decisiones de admisión, son alternativas que pueden permitir un mejor ajuste entre la misión de cada institución y las características de los estudiantes que están interesados en ser admitidos a ellas. Por ejemplo, la consideración del puntaje de postulación de los alumnos podría complementarse con iniciativas como la implementada en el Reino Unido (Bridger, Shaw & Moore, 2012a, 2012b): un sistema de admisión centralizado que proporciona información complementaria sobre el contexto de la aplicación del estudiante incluyendo el área geográfica donde el estudiante fue a la escuela, un ensayo, referencias de terceros, un cuestionario adicional, información local sobre la escuela y sobre su participación en actividades extracurriculares. Este tipo de información ya es considerada en alguna medida por los programas institucionales analizados en este libro, y en caso que la admisión a dichos programas quisiera administrarse de manera centralizada, también deberían ser parte de la batería de admisión usada, complementando los criterios académicos con información contextual. En el Reino Unido, las instituciones tienen autonomía sobre cómo utilizan esa información, pero existe un entorno sólido que promueve prácticas óptimas y comparte los procedimientos de toma de decisiones[42]. La promoción de mejores prácticas permite minimizar la amenaza a la transparencia que pueden representar mecanismos alternativos de admisión y la consideración de información complementaria.

Las políticas que faciliten el acceso a la educación superior a un mayor número de estudiantes de menor nivel socioeconómico y con menor preparación académica, no deberían centrarse exclusivamente

---

[42]   Supporting Professionalism in Admissions (http://www.spa.ac.uk/)

en las instituciones selectivas de la Región Metropolitana, ya que estas tendrán solo un número limitado de cupos y un margen limitado para el crecimiento de las iniciativas. Debería considerarse la posibilidad de ampliar el acceso a otros tipos de instituciones en diferentes partes de Chile, en la medida en que esto permita educar, graduar y preparar un mayor número de estudiantes para una carrera exitosa. Las instituciones técnicas, como los IP y CFT, también podrían participar de este esfuerzo. La diversificación de instituciones y de zonas geográficas contribuiría además al ajuste de estas iniciativas a las demandas y necesidades de los estudiantes, entregándoles opciones que quizás se ajustan de mejor manera a sus necesidades e intereses para la continuación de estudios superiores. Se debe cuidar, sin embargo, de no caer en situaciones en que alumnos se matriculan en instituciones sub-óptimas, es decir, que no les permiten realizar todo su potencial[43].

1.2 Aprendizajes Respecto del Desempeño Académico y la Permanencia

Como muestran los capítulos 5, 6 y 7, el acceso no es suficiente para asegurar una experiencia exitosa en la educación superior. Los **resultados de este estudio muestran que los estudiantes que ingresan a través de programas institucionales especiales muestran notas y tasas de persistencia que son similares a las del grupo de comparación, salvo algunas excepciones.** Además, y como muestran nuestros resultados, cuanto más agresivo es el programa -en términos de admitir a estudiantes con un perfil académico muy diferente al de los admitidos por vías regulares- más débil es el desempeño académico de los estudiantes beneficiados en comparación con sus pares. Este es un compromiso que las instituciones deben evaluar: hasta qué punto se puede sacrificar el estándar académico a cambio de una mayor equidad en el acceso.

---

[43] Este fenómeno ha sido descrito por la literatura norteamericana como el fenómeno de "undermatching" (Alon & Tienda, 2005).

Una manera de fortalecer el perfil académico de los estudiantes admitidos por los programas institucionales es iniciar la preparación académica con anterioridad y mayor intensidad. Esta conclusión se relaciona con los comentarios de algunos entrevistados sobre la posibilidad de extender gradualmente programas similares al Propedéutico a estudiantes en sus últimos años de educación básica y primeros años de educación media secundaria. De hecho, la literatura sugiere que el proceso de articulación entre la educación superior y la educación secundaria debe comenzar tan pronto como sea posible (Venezia & Jaeger, 2013), identificando el 8° grado como un año crítico (Quigley, 2002). Anticipar la vinculación de los programas con la enseñanza media podría generar una mayor participación de los profesores de las escuelas y el aumento de las expectativas académicas de los estudiantes y profesores. Ambos aspectos permitirían una mejor preparación académica de los estudiantes y una mayor eficacia de las intervenciones universitarias. Mejor preparación académica permitiría a los alumnos iniciar el proceso de búsqueda (Hossler et al., 1992) con mayor confianza y considerar un abanico más amplio de alternativas, que incluya instituciones técnicas, universidades selectivas y no selectivas. La literatura ha subrayado la importancia de intervenir temprano no solo mejorando la preparación académica de los estudiantes, sino también **proveyendo información a ellos y a sus familias sobre la experiencia universitaria, las fuentes y formas de financiamiento y la disponibilidad de apoyo académico** una vez ingresados a la educación superior (St. John, 2011). El objetivo es avanzar hacia una transición de la educación secundaria que sea fácil y natural.

1.3 Desafíos Futuros Respecto de la Diversidad y la Interacción

Si bien los tres programas institucionales analizados comparten el objetivo de aumentar la diversidad en las instituciones, **menos generalizado y explícito es el compromiso con la promoción de interacción entre grupos sociodemográficos una vez que los alumnos se matriculan en las universidades,** o con el real uso de prácticas pedagógicas que se hagan cargo de ese alumnado más diverso. Distintos estudios relevan los beneficios individuales, institucionales y sociales relacionados con la diversidad racial/étnica en la experiencia educacional post-secundaria (Garcés & Jayakumar, 2014; Tienda, 2013; Hurtado, 2013; Alon & Tienda, 2007; Gurin, Dey, Hurtado & Gurin, 2002; Orfield, 2001; Milem & Hakuta, 2000; Hurtado, Milem, Clayton-Pedersen & Allen, 1999; Smith et al., 1997). Sin embargo, la evidencia es clara en afirmar que **la mera heterogeneidad en la composición del alumnado en las instituciones de educación superior no garantiza la inclusión ni, por ende, la consecución de estos beneficios;** las instituciones deben crear las condiciones para que se den interacciones sociales y académicas significativas entre personas y grupos con distintas visiones, experiencias y características, pues de no ser así es probable que se genere segregación y aislamiento entre los distintos grupos (Hurtado, 2013; Tienda, 2013; Lehman, 2004; Gurin et al., 2002). En este sentido, se ha observado que el **compromiso institucional con la diversidad juega un papel importante en el desarrollo estudiantil** (Hurtado, 2003; Milem, 2003; Milem & Hakuta, 2000).

Gurin et al. (2002) distinguen tres tipos de diversidad, no excluyentes entre sí: a) Diversidad estructural, que se relaciona a la apertura en el acceso y consiguiente representación numérica de diversos grupos sociodemográficos; b) Diversidad interaccional informal, que refiere a aquellas interacciones que se dan fuera del espacio de la sala de clases; y c) Diversidad de la sala de clases. La primera sería necesaria para favorecer los beneficios asociados a la diversidad, pero insuficiente si no se dan las otras dos. De aquí que se requiere no solo diversificar el acceso a la educación superior sino también fomentar el crecimiento académico y social de los estudiantes una vez iniciados los estudios superiores.

En línea con esta perspectiva, algunos estudios se han preguntado por la incidencia de los criterios de admisión (e.g. Alon & Tienda, 2007), así como de las estrategias institucionales post-acceso, sobre el desarrollo de una diversidad racial/étnica provechosa o, en términos de Garcés & Jayakumar (2014), **una diversidad dinámica**. Estas estrategias se ofrecen al final de este capítulo, adaptadas a la realidad de nuestro país, es decir, con un mayor foco en la diversidad socioeconómica.

2. SUGERENCIAS PRÁCTICAS A LA LUZ DE LA LITERATURA Y DE LO APRENDIDO EN EL ESTUDIO

La teoría detrás de los tres programas institucionales incorpora algunas de las lecciones disponibles en la literatura sobre programas que promueven el acceso de estudiantes de bajos ingresos a instituciones de educación superior: un énfasis en la entrega temprana de información y herramientas académicas, el financiamiento y el apoyo académico una vez admitidos a la institución, y la creciente importancia de los resultados, como la persistencia y la graduación. Entre los efectos menos observados, pero aun importantes en el modelo lógico de los programas, están la implementación de prácticas pedagógicas que promueven la participación de un alumnado más diverso.

La literatura muestra la importancia de reforzar programas como los descritos en este libro por medio de la entrega de apoyos y recursos. Asegurar el acceso no es suficiente, ya que para lograr una experiencia universitaria exitosa, los estudiantes requieren de un adecuado desarrollo académico y psocioemocional. Las políticas deadmisión más exitosas en Estados Unidos han sido aquellas en que se ha combinado una estrategia de acceso con importantes esfuerzos de financiamiento estudiantil y de apoyo al desarrollo académico y psocioemocional de los beneficiados. Hasta ahora se observa que pese a que las instituciones estudiadas en Chile están implementando iniciativas valiosas en términos de acceso, hay menos atención puesta en generar las condiciones para que esos alumnos efectivamente logren adaptarse y desempeñarse con éxito en las instituciones en las que estudian y luego logren insertarse laboralmente. Si bien el modelo de Perna (2006a) presentado en el capítulo 1 subraya la importancia de múltiples capas de incidencia que se sobreponen sobre el alumno durante el tránsito hacia la educación superior y la completación de estudios, es importante reconocer el importante lugar que ocupan las instituciones de educación superior como una capa de influencia en directo contacto con el alumno. Esta posición brinda una posibilidad privilegiada a profesionales y académicos de incidir fuertemente en la experiencia que estos alumnos vivirán. La literatura sobre motivación académica y sobre el rol de las universidades ha mostrado el importante papel que juega el clima institucional, el sentido de pertenencia, el grado de involucramiento y la frecuencia de interacciones con profesores, instructores y ayudantes en la experiencia universitaria y el éxito académico.

A continuación se presentan las principales lecciones prácticas aprendidas del análisis de los programas y de la literatura revisada, separadas por tema; luego se presentan las sugerencias prácticas que emanan de la literatura respecto del fomento de la promoción de la interacción efectiva entre individuos de distintos grupos sociodemográficos.

2.1 Sobre el Diseño e Implementación de los Programas

- **Liderazgos para Institucionalizar Programas:** Las estrategias para implementar programas como los analizados en este libro parecen **combinar la decisión centralizada y la combinación de mecanismos participativos** (comisiones, voluntariedad de la participación) **y de apoyo institucional** (ayuda en el proceso de reclutamiento, postulación y seguimiento) para promover el convencimiento sobre la iniciativa al interior de la institución. Esta mezcla ayudaría a su implementación e institucionalización.

- **Enfrentando Resistencias:** El **convencimiento y liderazgo de la autoridad central**, junto con el apoyo por parte del aparato administrativo de la institución, son claves a la hora de enfrentar resistencias al interior de las instituciones. Estas, fundadas muchas veces en un discurso meritocrático que desestima la importancia de las vías alternativas de admisión para estudiantes de contextos desaventajados, son habitualmente fuertes, especialmente en instituciones que han sido tradicionalmente selectivas.

- **Importancia del Reclutamiento de los Postulantes:** Es importante hacer esfuerzos intencionales, explícitos y focalizados para que alumnos que provienen de contextos de menores ingresos postulen a las instituciones. En este sentido, el reclutamiento de los postulantes es un componente de los programas que se debe abordar con suficiente profundidad y sin quedar en un lugar secundario, pues afecta directamente la consecución de los objetivos de este tipo de programas.

- **Perfil e Indicadores de Admisión:** Al diseñar vías de admisión alternativas, se debe considerar explícitamente el perfil de los estudiantes que se desea admitir. Es decir, los indicadores de admisión y el proceso en sí mismo deben capturar o medir directamente los atributos de los postulantes que son de interés[44].

- **Se Requieren Apoyos Dentro y Fuera de la Sala de Clases:** Sobre la base de nuestros resultados, observamos que mientras más disímil es el perfil académico de los alumnos admitidos a través de los nuevos programas, en relación al perfil del alumno promedio de la institución, más débil pareciera ser el rendimiento académico del grupo beneficiado en relación a sus pares comparables. Por ello, es importante considerar esfuerzos y estrategias no solo para el reclutamiento y admisión de alumnos de grupos minoritarios, sino que además incorporar, desde el inicio de los programas, estrategias para adaptar las prácticas pedagógicas e institucionales a la nueva diversidad del cuerpo estudiantil. La promoción del éxito académico de este grupo requiere de esfuerzos tanto al interior de la sala de clases como fuera de esta, por medio de apoyos didácticos, académicos, psicológicos y financieros.

- **Asegurar Disponibilidad de Recursos:** A medida que los programas se están implementando, es fundamental que los recursos adecuados estén disponibles durante todo el proceso. El trabajo

---

[44]   La investigación empírica (Long, 2015a, 2015b) ha identificado constantemente que intentar utilizar proxies para las características cuya presencia se desea aumentar entre estudiantes admitidos frecuentemente, no logra alcanzar esa meta. Por ejemplo, estudios de simulación muestran que las políticas de admisión que intentan aumentar la diversidad del alumnado utilizando la raza del "mejor amigo" de un postulante como indicador de postulación, en vez de utilizar "la raza del postulante" directamente, no darían el resultado esperado.

empírico ha documentado que se necesitan inversiones serias en recursos humanos y otras inversiones financieras, tanto en la selección como en la retención de estudiantes.

- **Colaboración Entre Áreas de Una Misma Institución:** La colaboración con personas de áreas distintas al área de admisión permite asegurar que las políticas y procedimientos se alineen y de ese modo apoyen, en lugar de desalienten, el éxito de los estudiantes. Por ejemplo, el área de admisión, de registros académicos, la ayuda financiera y la vida estudiantil desempeñan papeles críticos en el éxito temprano y sostenido de los nuevos estudiantes. Colaborar en sus esfuerzos aumenta la probabilidad de éxito.

- **La Diversidad Requiere Más que Solo Acceso:** La implementación de una vía alternativa de admisión, por sí sola, es insuficiente para matricular o lograr un cuerpo estudiantil diverso. Las instituciones deben crear y adaptar estrategias específicas para lograr la diversidad dinámica en sus instituciones. Se sugiere ver la ver sección 2.3 para mayores detalles respecto de acciones concretas.

- **Promover Colaboración entre Instituciones:** Es importante extender las relaciones entre las instituciones de educación superior (las áreas de admisión, en particular) y el sistema de educación secundario. El trabajo temprano con escuelas secundarias establece la base para que los estudiantes comprendan la trayectoria a la educación superior y luego puedan transitar dicho camino con éxito.

- **Trabajo Interdisciplinario:** Se debe considerar la posibilidad de crear equipos compuestos por miembros de distintas direcciones y unidades académicas para apoyar programas como los descritos en este libro. El reclutamiento, la admisión y la retención de alumnos admitidos por medio de programas como los expuestos pueden crear tensión en la distribución de recursos dentro de las instituciones. La utilización de recursos gubernamentales y del sistema de educación superior de manera coordinada (por ejemplo, reclutamiento a través de la web) puede mejorar el éxito de los esfuerzos institucionales individuales y reducir la carga financiera al mismo tiempo. Los esfuerzos multi-institucionales para evaluar rigurosamente sus programas podrían beneficiarse de coaliciones en las que trabajan juntos académicos, funcionarios, fundaciones privadas y líderes universitarios.

• **Propender a Procesos de Selección Comunes:** Las instituciones interesadas en implementar programas de acceso similares a los analizados en este libro deberían evaluar la implementación conjunta de nuevos procesos de selección a través del sistema de admisión centralizado compartido por todas las instituciones del SUA en Chile. En este sentido, la batería de pruebas e instrumentos de selección podría incluir no solo criterios académicos, sino que también otros antecedentes contextuales que ayuden a las instituciones y programas a seleccionar a sus futuros estudiantes.

2.2 Sobre los Esfuerzos de Evaluación

• **Evaluar Consecuencias Deseadas y No Deseadas:** Es importante que la implementación de programas como los abordados en este libro sean acompañados de esfuerzos evaluativos regulares que incluyan tanto las consecuencias previstas como aquellas no deseadas. Dicha información debería idealmente incluir el seguimiento de alumnos beneficiados y la evaluación del programa en sí mismo.

• **El Rol de la Evaluación Interna y Externa:** Si bien la evaluación externa de los programas puede dar mayores garantías de imparcialidad en los resultados obtenidos, la evaluación interna podría entregar información valiosa para su implementación y mejora. Programas en etapas de diseño podrían explorar la implementación inicial vía pilotos experimentales que permitieran evaluar la efectividad relativa de distintos tipos de estrategias.

• **Compromiso con la Evaluación:** La efectiva evaluación de estos programas requiere de la comprometida colaboración y generosidad de todos aquellos involucrados en su diseño y ejecución. La tarea de evaluación se apoya de manera fundamental en el compromiso con los objetivos de los programas y en la convicción de que la medición de los resultados de la investigación permitirán mejorar su diseño e implementación.

- **Evaluación de Amplio Alcance:** Las evaluaciones deberían incluir la voz de los estudiantes, y también de profesores y administradores de las instituciones de educación superior para explorar si ha habido cambios en las prácticas pedagógicas, el currículo, el clima institucional y el aprendizaje de los estudiantes como consecuencia de la implementación de estos programas. Además, es relevante estudiar el impacto que estos programas pueden haber tenido en las comunidades de escuelas secundarias, incluyendo las expectativas de los estudiantes.

- **Futuros Estudios:** La replicación de estudios como el presentado en este libro en otros programas e instituciones permitiría complementar la comprensión de sus objetivos esperados y los efectos observados a nivel nacional, y cómo estos varían según la misión y características de la población estudiantil atendida por la institución.

2.3 Estrategias para Promover la Interacción Dinámica y Efectiva entre Grupos Sociodemográficos

Con el objetivo de lograr la efectiva interacción entre alumnos de distintos orígenes, la literatura sugiere la implementación de las siguientes estrategias institucionales a realizarse una vez que los alumnos de grupos minoritarios ya han sido admitidos en las instituciones de educación superior:

- **Clima Institucional:** Favorecer un clima positivo de contacto entre grupos, para lo cual es necesario evaluar el legado sociohistórico y el contexto de política más amplio, a la vez que las prácticas actuales de inclusión/exclusión de las instituciones, el grado de integración que logran, la localización de las relaciones en el campus y las percepciones/actitudes en y entre distintos grupos (Garcés & Jayakumar, 2014).

- **Evaluar el Clima Institucional:** Evaluar periódicamente el clima a través de diversas metodologías, es decir, las características de la interacción entre grupos sociodeomográficos en diversos contextos institucionales (Garcés & Jayakumar, 2014).

- **Reducir los Obstáculos que Impiden la Interacción:** Atender a los impedimentos para la interacción que emergen en contextos formales e informales, lo cual requiere tomar en cuenta el número de estudiantes de grupos minoritarios en el campus y en las salas de clases: cuando hay poca diversidad, hay más probabilidad de que surja el estigma y el trato estereotipado, siendo los estudiantes más proclives a la tensión racial o socioeconómica, lo cual desincentiva la participación (Garcés & Jayakumar, 2014).

- **Planificar Cursos y Programas de Estudios sobre Grupos Minoritarios** que sean inclusivos y convoquen a estudiantes de distintos grupos sociodemográficos de manera de evitar que más del 40% de la matrícula provenga de un mismo grupo (Tienda, 2013).

- **Promover una Interacción Sostenida y Frecuente entre Grupos,** a fin de que esta genere una mayor comprensión y colaboración (Gurin et al., 2002; Garcés y Jayakumar, 2014).

- **Asegurar Diversidad Sociodemográfica en la Sala de Clases** (Gurin et al., 2002).

- **Definir Estrategias de Manejo de Posibles Conflictos** que emerjan cuando los individuos comparten puntos de vista diferentes (Gurin et al., 2002).